痛点教练

解决重要难题的六步曲

倪彩霞 著

No
Pains
No
Gains

机械工业出版社
CHINA MACHINE PRESS

本书讲述了在动态的环境中如何从动机出发到行动落地,运用思维力和情感力解决问题并取得成果的六步方法论。解决为什么、要什么、有什么、如何做、谁来做及和谁做六个问题。

这是一本工具书,它授之以渔,不仅是钓鱼的技巧,更包含做渔具的原理,以便你在任何水域都可以根据需要自制渔具,在未知的问题出现时可以自行分析和解决。这也是一本故事书,讲述了多个走出困境蓬勃发展的个人和企业的真实案例。

本书适用场景广泛,内容案例涉及职场新人、销售经理、企业高管、创业人员、咨询顾问、行政官员乃至为人父母等。本书几乎适合所有的人,特别是那些希望改变现状、解决痛点的人。

图书在版编目(CIP)数据

痛点教练/倪彩霞著. —北京:机械工业出版社,2021.11
ISBN 978-7-111-69312-3

Ⅰ. ①痛… Ⅱ. ①倪… Ⅲ. ①自我完善化 Ⅳ. ① C912.1

中国版本图书馆CIP数据核字(2021)第201938号

机械工业出版社(北京市百万庄大街22号 邮政编码100037)
策划编辑:朱鹤楼　　责任编辑:朱鹤楼　李佳贝
责任校对:李　伟　　责任印制:李　昂
北京联兴盛业印刷股份有限公司印刷

2021年11月第1版第1次印刷
170mm×230mm·15印张·1插页·161千字
标准书号:ISBN 978-7-111-69312-3
定价:59.00元

电话服务　　　　　　　　　　网络服务
客服电话:010-88361066　　机 工 官 网:www.cmpbook.com
　　　　　010-88379833　　机 工 官 博:weibo.com/cmp1952
　　　　　010-68326294　　金 书 网:www.golden-book.com
封底无防伪标均为盗版　　　　机工教育服务网:www.cmpedu.com

推荐序一

我很高兴向读者推荐倪彩霞的这本新作。在这个变得越来越快，变得越来越不确定的时代，这本书讲述了在动态的环境中如何从动机出发到行动落地，运用思维力和情感力解决问题，并取得成果的六步方法论。这是一本有洞见、有实践和有情感的书。

彩霞是我们中欧卓越服务 EMBA 的校友，她有着丰富的企业管理和教练咨询经验，从传统制造业到高科技行业，从外企到民企，从人力资源总监到首席执行官再到创业，解决过很多棘手的问题。她是一个认真积极、勤于思考、善于总结的人。这本书就是她花了整整两年的时间创作出来的，是她汇集多年管理、创业和教练咨询的经验结晶。

这本书既是一本工具书，又是一本故事书。作者在自序中提到了"痛点教练"这个理念的由来，以自己在芬兰的旅行故事为例说明了痛点的潜在力量，接下来又用了多个案例故事，详述了不同的个人、团队或组织是如何使用痛点教练方法论来解决痛点的。这些案例都是作者亲自参与并取得成果的。书中有不少管理和思维工具，大多数是作者本人经过实践证明得出的思考和总结。工具的主要框架就是"痛点教练六步曲"，每个步骤还有很多的小工具可以应用。

这本书的适用场景很广，因为它本质上是一个解决问题的方法论。它的六个步骤结构完整——发现痛点，明确目标，评估分析，甄选方案，促进行动，确保支持——是一套可以用于各种复杂问题的思考框架。除了应用于个人，对于不同的团队，不管你是行动型、解决问题型团队，还是创新型、治理型团队，都可以各取所需。痛点教练的六个步骤能够帮助人们找对目的，明确目标，列出可选方案，广泛寻找有关可选方案的信息，仔细评估有关可选方案的优势和劣势，选择最佳方案，并采取行动减少该方案可能出现的风险，获得相应利益相关者和系统的支持。

高效的管理者，至少可以从此书中得到以下收获：

提升对痛点的认知敏感度。 敏感地体会自己和他人的痛点，是一种高情商的表现。人的动机来自于两面：追求幸福和逃避痛苦。如果不能正确地对待痛苦，痛苦就会成为压力和阻力。我们可以做的，就是移除压力和阻力，将其转化成追求幸福的动力。痛点教练从寻找人们内心的痛点开始，是了解人性、尊重人性的做法。只有内因找到了，人们才有动力和能力真正解决问题。

强化对努力方向的承诺。 目标的重要性不言而喻。"期望理论"告诉我们，设定一个较高但合理的期望对任务的达成有促进作用。而目标设定则能够帮助人们明确努力的方向并为此承担责任。这个环节帮助人们把痛点从内心深处感性的期望外化成理性的、可量化的指标和预期结果，让其变成了一种可以交流、传播和管理的语言。

加强理性决策能力。 痛点教练的第三至第六步分别是评估分析、甄选方案、采取行动、获取支持。这四个过程帮助人们共享心智模式，更好地创新，把过程损失降到最小。首先让人们理性地评估现实和目标的差异，穷尽所有的阻碍和资源；其次收集所有可能的创意，再甄选出最可行的方案；最后不可或缺的重要一步是制订可落地的、有支持的行动计划。能够按顺序做到以上步骤的决策才是经得起考验的决策。

塑造生命共同体思维。人们更专业、更详细地分工合作，及更加系统性地相互依存已经成为不可避免的趋势。痛点教练的第六步"确保支持"是获取资源，包括人力、时间、资金、技术、权力、认可、名誉等。支持有时候来自一个点，有时候来自一个系统。支持有时候是内部的，有时候是外部的。支持经常被人们忽视，而作者多年的工作经验告诉她，确保获取应有的支持有多么重要。

今天广受媒体关注的那些卓越的或创新型的企业，往往是人们争相学习的榜样。然而，别人的成功经验和解决方案是否适用于自己的组织，答案通常是否定的。实实在在地进行组织诊断以及坚决地实施一项管理举措需要的是持之以恒和不懈努力。每个组织都要敏锐地关注自身的痛点问题，面对它，分析它，解决它，把痛点转化成改进管理和创造价值的机会。

成功的管理者总是行动者。如果你希望在动态的环境中了解如何从动机出发到行动落地，运用思维力和情感力解决问题，并取得成果，可以借鉴此书中的"痛点教练六步曲"。

忻　榕
中欧国际工商学院管理学教授
拜耳领导力教席教授
副教务长（欧洲事务）

推荐序二

我很高兴为倪彩霞的新书《痛点教练》作序。从我们20年前在法国拉法基集团成为同事起,我对彩霞的印象就是积极、好学、认真、专业。随着她的职位和环境的变化,从外企的战略市场和人力资源岗位,再到民营企业的高管和首席执行官,以及后来的创业,她的全局思维、洞察力和同理心都更强了。

我亲眼见证了这本书诞生的整个过程。10年前,在前拉法基成员俱乐部的聚会中,彩霞宣布了她的人生必做清单,写书是其中一项。3年前,在一次老友聚会时,她拿着《痛点教练》的目录和思考框架询问在场的每位朋友,认真倾听和记录他们的反馈。经过两年时间,在忙碌的工作间隙,她一个字一个字地写出这些内容,终于完成了这个心愿。我真为彩霞高兴。

我也为读者高兴,因为这是一本难得的可读性很强的实用工具书。正如彩霞的为人:务实、乐于分享、热爱生活,她的书也是如此。书里的案例源于她的生活和工作,案例的原型就是她的朋友、同事和客户。其中一个全面客户服务文化的案例我也是亲历者,我想当时所有的同事都能记得彩霞主持的这个影响深远的项目,通过痛点教练的方式打造了一系列渗透整个公司高、中、基层全员的工作坊，提升了公司每位成员的客户服务意识，以及客户服务的技能，并建立了相应的体系和流程来保障客户服务文化的落地。其中一个行动是将当年的KPI改成了KSI（关键服务指标），这是一个改变组织文化和行为的创新。项目的结果对于提升客户满意度和市场占有率的效果都很明显。

实践是检验真理的唯一标准。再好的理论和工具，只有能够在真实场景中得到应用才是好理论，好工具。《痛点教练》就是这样一本理论和实践结合的好书。相信会对您有所帮助。

王 丽
福伊特企业管理（上海）
有限公司总经理

推荐序三

第一次见到倪老师是在开往腾格里沙漠的大巴上，当时公司组织了一次针对高绩效销售人员的活动。倪老师是我们特邀的培训老师，跟我们一起前往腾格里沙漠。这也是我们第一次邀请倪老师给公司做培训。当时在大巴上听到倪老师问："谁是公司的领导？我要向他了解一下公司对这次培训的期望和要求。"当时给我的印象是这个老师还挺负责的。

培训那天，按照原本的计划我是不会参加倪老师的培训的，但是正好航班时间做了调整，我有两个小时的空闲时间，所以就想听听这个培训老师讲得怎么样。当我走进培训教室的时候，倪老师的培训已经开始了。我看见大屏幕上显示着一个案例：例会上，各部门依次汇报工作，业务目标还差一点没有完成。销售代表解释道："有外因和内因。外因是受新冠肺炎疫情的影响，竞争更激烈了，客户更挑剔了，国家政策也更严格了。内因是产品研发比较慢，产品类型单一，竞争力也不突出，合规部政策太不灵活，人力资源部一直没有找到合适的人。我们都尽力了，但结果就是这样，我们也没办法！"

倪老师提了三个问题：如果你是总经理或副总经理，你会怎么说，怎么做？如果你是大区或区域经理，你会怎么说，怎么做？如果你是销售代表，你会怎么说，怎么做？

我一下就被这个案例吸引了！我经常会听到类似的抱怨。这不正是我每天都会遇到的问题吗？这不正是我们企业发展面临的痛点之一吗？

针对这三个问题，大家展开了积极的讨论，最后一致认为站在越高的层面想问题就会用越积极的心态去解决问题，而不是抱怨。这不正是一直以来我积极推动并希望达到的结果吗？两个小时的时间很快就过去了。倪老师的培训风趣生动，用大量发生在现实中的案例来帮助大家挖掘工作中存在的痛点和需求，分析问题并找到解决办法。我恋恋不舍地离开了倪老师的培训去赶飞机，在路上就迫不及待地和倪老师约定了下一次给公司中高管培训的时间。

当几天之后倪老师把她《痛点教练》这本书的初稿发给我，希望我给她提些意见和建议的时候，我才恍然大悟，倪老师前面给我们做的培训，不正是《痛点教练》里面提出的六步曲的实际应用吗？倪老师在培训前通过和公司管理层沟通了解此次培训的需求，也明确了企业的痛点，因而能在培训内容的准备上更有针对性。这样使得整个培训不是讲一些空洞的道理，而是更有带入感，同时能更好地帮助企业找到解决问题的方法，也为自己赢得了客户的信任和后续的合作机会。可以说，倪老师本人就是"痛点教练六步曲"最好的践行者，而我则在不知不觉中成为"痛点教练"应用的又一个成功的案例！

读倪老师的书和上倪老师的培训课一样，让人觉得很轻松，有一种如沐春风的感觉，里面没有空洞粗糙的大道理，列举的大量案例都是我们在日常工作和生活中很常见的，所以你很容易将该书一口气读完。但是如果你只是把它读完了就放在一边，那你就大错特错了，或者说你会损失很大。这本书的道理虽然浅显易懂，六步曲的方法也不是很复杂，但是如果不去实践，这些方法就不属于你。就像倪老师在书中所说，这本书是要改变人的思维方式，虽然这是最困难的，但却是最重要的，所以必须要按照书上的方法一点点、一遍遍认真实践才能够慢慢培养乐观、积极的正向思维。而当你的思维改变了，行为自然就会跟着改变，预期的结果也就会产生。

我非常愿意把这本书推荐给大家，相信大家一定会从这本书中受益良多。

陈　洪

和黄医药（中国）首席商务官

自 序

当我提笔准备开始的时候,我才发现原来写书于我是一个如此巨大的挑战。

首先,时间是第一大挑战。由于工作忙碌,要留出一个比较长的时段安静地写书并不容易。

第二个挑战自然是我缺乏写作经验。这是我第一次写书,每个字都是我一个一个敲出来的。此中的艰辛,也让我非常佩服那些提笔就能洋洋洒洒写上几千字的作者。

第三个挑战也是最重要的挑战,就是坚持完成这本书的意义。到底为什么要写这本书?写这本书耗时费力,对我有什么价值?我把毕生的教练经验如数奉上,对我又有什么益处?万一此书遭受冷遇,对我又有什么损害?

本书辞藻并不华丽,可能还有点太过朴实,观点也并不具有颠覆性,既不像畅销书那样颜值出众、口味新奇,又不像那些厚重的大师之作一样引经据典、功力深厚。它太平凡了,平凡得像一道家常菜。那么,我为什么要写这本书?我化身为书中的"痛点教练"问自己,如果不写这本书,我会痛苦吗?

我只知道,如果不写这本书,我一定会感到遗憾。因为这是我的梦想。

我一直希望有一本属于自己的著作，来谈谈我的人生，回顾我的职场生涯以及我掉进过的那些坑，特别是爬出坑之后的思考和收获。一路上，我不时遇到各种麻烦，也经历过不少痛苦。但是，每一次遭遇挫折后我总是能够在领导、导师、朋友和家人的帮助下走出来。因此，我非常感谢成长路上遇到的这些贵人，是他们给了我无尽的耐心、包容、启发和爱。也正是这些经历给了我巨大的动力，让我变得积极、勇敢，也让我找到了感知痛苦、走出痛苦的一套方法。

现在，我可以骄傲而自信地说：来吧，这世上已经没有什么可以困扰我、伤害我或者让我长期陷入痛苦的事了。后来，我在和他人相处，与团队协作，以及自己运营公司和提供咨询的过程中也在不断地实践这套方法，使得其内容日益完善，外延也越来越丰富。

与此同时，我很高兴地看到它的确为很多人提供了帮助。有的朋友因此获得了健康，有的朋友因此挽回了亲情，有的销售人员因此拿到了订单，有的公司因此扭亏为盈，还有的创业者借此逆袭成功。在为他人提供这套方法的过程中，这些成功的案例深深地感动了我，同时也触动了我的心。我想，是时候将这套简洁的方法和这些故事分享给大家了，它值得让更多的人知道。

这时，我回过头来再用痛点教练的思维问自己，如果明明可以帮助别人轻而易举地走出密室，那么我会选择手握钥匙不闻不问，任其迷茫无助吗？我想，我是不愿意的。这也是我坚持写完本书最重要的原因。

请原谅我青涩的笔触，亦请接受我真诚的初心，衷心地希望大家能够喜欢本书。谢谢！

导　言

感谢您翻开本书。

作者和读者之间是一种很奇妙的关系。在我看来，它就像旅途中不期而遇的两个人。或许四目相对，点头微笑，偶有交流，也算是一个不错的旅伴；或许一见如故，相见恨晚，即使旅途结束，也常常记挂，进而成为终生的朋友。

作为一名阅读者，在我心中已经将一些经典书籍的作者视作我终生的朋友。每当遇到困惑时，我常常会回想书中的内容，从中寻找答案，就像叩门拜访老朋友，和他商量解决之道。

在本书中，我也希望书中的痛点教练可以陪伴在你左右，成为你遇到难题时可以一同商量的老朋友。

关于本书

这是一本工具书。书中的所有案例，在生活中都有原型。主人公都是真实的普通人。书中的每个案例对当事人来说都曾是一段痛苦的记忆，就像那些曾经被关在黑暗密室里面的人们，迷茫而无助。直到他们找到了那六把钥匙，开启了密室逃生的六扇大门，终于走出重重阻隔，重见光明。书中将重点提及的**解决痛点的六个步骤**，就是开启大门的六把钥匙。

这也是一本故事书，讲述了很多人成长的心路历程和众多企业的崛起之路。很高兴可以和大家一起分享这些故事中的喜乐悲欢，也希望朋友们在读完本书之后可以将痛苦变成前进的能量。如果说这世上有一个神奇的按钮，只需轻轻一按，便可以将一个人从迷茫、痛苦、失望中解救出来，我希望这本书就是这个神奇的按钮。

本书框架

痛点教练代表一种思维方式，同时也是一种处理问题的态度。它接纳痛苦，但并不直接给出答案，而是像教练一样带你走过三个关口、六个步骤，答案便呈现在你的眼前。

第一关明确为什么。为什么要解决这个痛点？也就是发现痛点，这是第一步。

第二关明确去哪里。什么才是期望的结果？也就是明确要达到的目标，这是第二步。

第三关明确怎么做。怎样做才能解决痛点，达到期望的结果？即分析现有资源、寻找解决方案、推动落地实施并整合资源获取支持，这是第三至六步。

本书共分为六章。

第一章，通过四个故事介绍了痛点教练的由来，痛点教练的意义，以及问题未能改善的原因和解决问题的方法——痛点教练模型。

第二章，详细介绍了"痛点教练六步曲"的含义和使用方法。

第三章到第五章介绍了痛点教练在个人生活、组织发展、创业传承中的应用案例。

第六章介绍了痛点教练的两大关键能力——思维力和情感力。

其实，"痛点教练六步曲"的应用场景非常广泛，它可以广泛地应用在个人层面、人际层面、组织层面和社会层面。既可以用于职业发展、顾问销售、亲子沟通、项目管理，也可以用于产品管理、企业改革、代际传承甚至国家治理等方面。

本书适读人群有哪些

作者认为这本书几乎适合所有的人阅读，特别是那些希望改变现状的人。

如果你是一位职场新人，毫无疑问，痛点教练就像一位顾问一样，会引导你确立职场目标，制订发展路线，并且将伴随你实现自己的理想。

如果你是一位创业人员，痛点教练可以帮助你梳理发展战略，了解客户的痛点，理清解决问题的思路，明确发展的方向，助力公司的发展。

如果你是一位企业高管，你也可以将"痛点教练六步曲"作为制定企业发展愿景、发展战略及执行计划的工具。

如果你是一位咨询顾问，"痛点教练六步曲"则可以用于高管培训、职业生涯辅导、行动学习工作坊和私人董事会等。

如果你是一位行政官员，"痛点教练六步曲"也同样适合你。比如针对重大危机问题的处置，找准痛点，明确目标，迅速决策，有效实施，坚决行动，确保支持，必能取得良好的效果。

如果你是一位家长，本书中的一系列方法可以让你通过同理倾听和有效提问，理解孩子的痛点，和他/她一起制订解决方案，进而成为孩子有力的支持者。

俗话说痛则不通，本书意在帮助广大读者发现痛点，解决痛点，并激发积极向上的能量。经过作者多年实践，深感本书对于组织健康、团队健康、个人健康都颇为有效。因此，我希望将本书像朋友一样推荐给大家。

如何使用本书

1000位读者眼中有1000位痛点教练。那么，如何才能使本书的价值最大化呢？作者推荐两种阅读模式：快速通道模式和"知省行"效能学习模式，亦可称为急诊模式和健体模式。

快速通道模式（急诊模式）

有些性急的朋友，希望立刻了解痛点教练到底是什么，如何才能马上帮助自己解决问题。对此，作者建议他们可以先看看目录，然后完成以下三个步骤：

（1）翻到第一章第六节，了解痛点教练六步曲，然后阅读第二章对每个步骤的详细说明。

（2）在第三、第四、第五章目录中寻找是否有你希望解决的个人、组织方面的问题，通过案例进行对照和借鉴。

（3）不要忘了每节后面的"知省行"练习，确定自己是否真正理解并有能力实践其中的内容。

不过，这种模式也许可以快速解决眼前的某个特定问题，但是如果想要获得更多方法，并将痛点教练真正变成现在和将来都能帮助你提升效能、解决系统性问题的得力工具，我强烈建议你多花一些时间，按照本书的编排顺序认真阅读。磨刀不误砍柴工，我推荐大家使用"知省行"效能学习模式，和急诊模式相比，它也可称为健体模式。

关于效能学习，我想大家对下面这句话并不陌生：**读了那么多的书，却依然过不好这一生。**

我有一位人力资源业务合作伙伴，她勤奋好学，一有时间总是到各地去参加各种学习活动，学习人力资源专业知识，以及培训和发展的各种技能，如行动学习、视觉引导、企业剧场、组织发展等，最近她又迷上了教练培训和心理学。但是在她任职公司人力资源业务合作伙伴的一年多以来，从来没有参加过业务部门的会议，对于业务部门的工作内容也是一无所知，对此，她总是抱怨业务部门不重视人力资源，也不重视管理的方式。

业务部门的领导对她的评价是："她学了很多知识和技巧，但是我们真的不知道，她学的这些东西对我们的工作到底有什么帮助。"

当她来找我倾诉她的委屈并寻求建议时，我先是询问了她学习的目的，随后给出了我的建议：首先她需要多花些时间和业务部门的同事一起了解该部门的需求和痛点，然后明确学习的方向和目标。这样，学习效果自然会事半功倍。

我还有一个朋友曾经花费 80000 元购买了 200 节健身私教课，声称要开始管理自己的身材,但结果是她一年才上了两节课。在每一次朋友聚会时,她都会津津乐道于自己对健身的投资。有一次她终于说起自己投资健身的原因:"和你们在一起,见每个人都这么自律,我觉得自己难以融入进去,心里有些自卑了。没办法,只好花重金投资一把,希望自己也能变成一个自律的人。"

如果说仅仅是为了成为所谓"自律俱乐部"的一员,那么她的确买到了一张门票。但她还是无法做到真正的自律,而她需要的只是获得别人认可的归属感。"学习"是一个动词,它需要付出大量的努力,需要持之以恒的意志。如果你的真实需求不在于此,学习的态度自然好不到哪里去。就如同买了门票而不进去参观,永远见不到里面的风景。如果不是以参观为目的,进入之后也是走马观花,难以体会景致的美妙。

有效的学习首先在于明确自己的学习目的,然后选择有效的学习方式。

"知省行"效能学习模式(健体模式)

新时代的学习应该做到知、省、行三者合一。准确地说,是知行合一,中间以省来衔接。

知(Knowledge),指信息、理论、原则、科学道理或有效方法。

经典的知,经得起时间和环境的考验,如一些百年企业的信条,被证明有效而逐渐风靡全球的管理工具,经过实践验证的科学道理等。

知也可以是随时随地围绕在我们身边的东西,比如老家门前的小溪遇到石头会曲折前行,动物族群中的丛林法则,母亲教给你的生活常识等。

在开始学习之前,通常我会建议你思考一下自己的学习目的到底是什么,以及如何选择科学有效的方法去学习。

省(Awareness),指的是保持清醒的头脑,进行独立而睿智的思考,对内进行反思,对外开放联结。一个人的省是内省、是感悟、是觉察、是挑战、是反馈、是倾听、是思考、是归纳演绎、是扪心自问。团队的省是脑力激荡、团队共创、群策群力。组织的省是商业模式、是合纵连横、是资源整合。所有的省都是能量的流动和平衡。世事洞明皆学问,**没有省,知识就只是一堆零散的信息。没有省,实践的结果很可能是做得越多错得越多**。因为没有思考,实践便可能是盲目蛮干、低效、无效甚至南辕北辙的。没有省,人们便只能在混沌中浑浑噩噩。

喜欢葡萄酒的人也可以把"省"换成"醒"。醒是省的同义词,意即反思、思考。葡萄酒的醒酒一般有两个动作。第一个动作是倾析(Decanting),也就是把酒瓶里的酒倒入滤酒器中,滤掉可能的沉淀物,俗称换瓶。第二个动作俗称呼吸(Breathing),让酒液在空间和开口都比葡萄酒瓶大得多的醒酒器里充分接触氧气,从而加速单宁软化、充分释放深藏的香气。新酒老酒适用的醒酒时间不同,但是唯有醒后的葡萄酒,入口才是最甘美的。

知识也是如此。我们同样需要倾析的动作,首先要不断学习,去芜存菁;然后还要有呼吸的动作,和我们所处的环境充分融合。**唯有"省"过的知识,才是更适合我们的知识**。这时候再把知识应用于实践中,就如同葡萄酒经过醒酒之后,才会更加完美。

行(Experience),指实际的行动、体验、工作、实践。据相关机构的研究,我们生活中 70% 以上的学习都来自体验和实践。由此,我们相信从没骑过自行车的人恐怕永远学不会骑自行车,从来没有受过伤的人也不会知道痛是什么滋味。熟能生巧,吃一堑长一智,读万卷书不如行万里路等语句都是指实践和体验的重要性。

然而,更好的学习方法却是分享和教授。因为当你打算教授别人知识的时候,你通常已经跨过了"知省行"这三个步骤,并且已将知识消化和吸收,融会贯通了。

因此,在本书中我会用加粗字体强调重要的知识点,并且在每一节之后进行重点练习。在练习中,我们会首先回顾本节的主要知识点(知),并且请你联系自己的实际情况,罗列出和自己相关的场景和自己的思考(省),最后是写下你的行动计划(行)。这时候,也是你化身痛点教练考问自己的时候。

关于如何最大化地使用本书,我的建议是请你按照"痛点教练六步曲"的知识体系(知),带着对自己的痛点的觉察(省),使用和践行"痛点教练六步曲",努力尝试去解决眼前的问题(行)。

例:《庖丁解牛》的"知省行"效能学习模式练习

吾生也有涯,而知也无涯。以有涯随无涯,殆已!已而为知者,殆而已矣!为善无近名,为恶无近刑。缘督以为经,可以保身,可以全生,可以养亲,可以尽年。

庖丁为文惠君解牛,手之所触,肩之所倚,足之所履,膝之所踦,砉然向然,奏刀騞然,莫不中音。合于《桑林》之舞,乃中《经首》之会。

文惠君曰:"嘻,善哉!技盖至此乎?"

庖丁释刀对曰:"臣之所好者,道也,进乎技矣。始臣之解牛之时,所见无非牛者。三年之后,未尝见全牛也。方今之时,臣以神遇而不以目视,官知止而神欲行。依乎天理,批大郤,导大窾,因其固然。技经肯綮之未尝,而况大軱乎!良庖岁更刀,割也;族庖月更刀,折也。今臣之刀十九年矣,所解数千牛矣,而刀刃若新发于硎。彼节者有间,而刀刃者无厚;以无厚入有间,恢恢乎其于游刃必有余地矣,是以十九年而刀刃若新发于硎。虽然,每至于族,吾见其难为,怵然为戒,视为止,行为迟。动刀甚微,謋然已解,如土委地。提刀而立,为之四顾,为之踌躇满志,善刀而藏之。"

文惠君曰:"善哉,吾闻庖丁之言,得养生焉。"

以下是我的知省行练习。

【知】我学到了什么?

(1)"吾生也有涯,而知也无涯"——知识是学不完的。

(2)"缘督以为经"——知识是有规律的。

(3)庖丁是位技艺高超的屠夫,普通人只要勤学苦练,也能熟能生巧,成竹在胸。

以上是我小时候读《庖丁解牛》获得的一些知识。可是长大之后,再读此文,反而生出很多疑惑。而提出问题则是"省"的重要内容。

【省】这些知识让我有哪些思考?

(1)既然我的生命是有限的,而知识是无限的,以有限的生命去追求无限的知识,那不是徒劳的吗?既然是徒劳的,那么我为什么还要学习呢?

（2）做好事不会立刻受到称赞，做坏事也不会立刻受到惩罚，那么这个世界对做好事的人显然是不公平的，庄子为什么要这么说呢？

（3）有涯无涯，为善作恶，和庖丁解牛有什么关系呢？

（4）为什么文惠君听完庖丁解牛的故事之后说他得到养生之道了呢？

再【省】这些知识引发了你的哪些洞见？和你有什么联系呢？

直到今日再读《庄子》，我才发现个中玄机，不禁惊叹古人的智慧！以下是我对这四个问题的回答。

（1）既然生有涯而知无涯，那我为何还要学习？如果我们只是追求知识，那么显然我们用一辈子的时间也学不完。因此，我们追求的并非是知识，甚至也不是技巧，而是方法，是原则。唯有如此，我们才不会追逐着生命奔跑，而是引领自己的生命，做命运的主人。

（2）做好事不一定立刻受到称赞，做坏事也可能不会立刻受到惩罚，但是从长远的角度和发展的眼光来看，这个世界是公平的。因此做好事早晚会受人称赞，做坏事的人也终究要受到惩罚。更重要的是，你希望成为一个什么样的人。人之向善，不能因为无法立刻得到别人的认可而不去做好事，也不能因为不会立刻受到惩罚而做坏事。

（3）有涯无涯，为善作恶，和庖丁解牛有什么关系？庄子在这里提到了两个原则：一是自然原则，二是社会原则。庖丁解牛符合自然原则，而为善作恶终有报则是社会原则。

（4）庖丁解牛和养生之道有什么关系？以庖丁解牛为例，我们在处理每件事的时候，不应该只沉迷于技艺，而是要看到整体框架（虚线的牛），要用心体味（用心和牛接触），不能硬割，不能硬砍。那样，非但不能游刃有余、姿势优雅，还会毁坏工具，事倍功半。

学习、为人、做事，都不能目光短浅，只重表面，只看技术，而是应该掌握其中的规律，找到解决方法，不急不躁，才能事半功倍，效能卓越。

养生也是如此。我们的身体是一个精妙的小世界，要想养生则需要尊重身体的自然规律，身心合一，内外通透，才会保持身体健康。

我从此文中得到的最大收获就是：**面对纷繁复杂的世界，我们要执着追求的不是知识，也不是技巧，而是方法，是原则，是不变的规律和道。**事实上，由于互联网技术的发展和普及，生有涯而知无涯的现象变得比以往更加明显，知识的更新换代速度也越来越快。大学一年级学习的知识到三年级时可能一半都已经过时了。

【行】结合以上的知和省，我打算如何行动？

我计划把痛点教练的由来、方法和众多案例全部分享给大家，让更多的人在面对生活中的各种烦恼（痛点）时，也可以如庖丁解牛一样游刃有余，淡定从容，进而像文惠君一样可以举一反三，修身、齐家、治国皆可用之。

目 录

推荐序一
推荐序二
推荐序三
自　序
导　言

第一章　《痛点教练》的由来

缘起——芬兰奇遇记 / 003
触动——赶火车的女士 / 007
雏形——姜老师和高老师 / 010
成型——从专业陷阱到筷箸思维 / 017
痛点教练存在的意义 / 023
问题没有解决的六个原因和痛点教练模型 / 031

第二章　痛点教练六步曲

发现痛点 / 047
明确目标 / 071
评估分析 / 083
甄选方案 / 088
促进行动 / 097
确保支持 / 102

第三章　痛点教练模型的应用案例——日常生活

职业生涯规划——Selina 的总裁之路 / 113
健康管理——白老师的失眠治愈了 / 127
家庭沟通——母子的两次对话 / 131

痛点教练促成销售 / 139
痛点教练推动客服文化 / 143
痛点教练优化产品线管理 / 154
痛点教练提升组织效能 / 158

第四章 4
痛点教练模型的应用案例——组织效能提升

将痛点转换为价值——MX 集团的崛起 / 164
痛点教练帮助 WJ 住宅走出迷雾 / 171
痛点教练续命创业公司 / 177
痛点教练助力创二代 / 185

第五章 5
痛点教练模型的应用——创业发展

思维力 / 195
情感力 / 204

第六章 6
关于痛点教练的延伸思考

致　谢 / 213

第一章
《痛点教练》的由来

社会实践是检验真理的唯一标准。

——毛泽东

本书中的思想,源于生活,也回馈于生活。从思想的萌芽到成型,我前后酝酿了 12 年。下面的四个故事,则代表了本书从缘起到成型的四个阶段。

缘起——芬兰奇遇记

由于工作的原因，我数次前往芬兰出差，多年前曾作为 N 公司文化和领导力大使项目的代表，在芬兰居住了较长时间。我认为芬兰是个有趣且友好的国家。由联合国发布的"全球最幸福国家"排行榜上，芬兰从 2018 年起连续三年高居榜首。

我在芬兰的同事都很注重家庭，周末我也不希望总是打扰他们，于是只好独自闲逛，反而因此收获了许多奇遇。在赫尔辛基遇到旅行顾问一事就颇为有趣。

作为芬兰的首都，除了奥运塔，赫尔辛基似乎没有什么高大的建筑。总体来看，这是一个既美丽、安静，又生动、有趣的城市。芬兰被称为千湖之国，赫尔辛基这座城市则被誉为波罗的海的女儿，就坐落在海边。

走在城市广场上，我眼中满是闲庭信步的游人，几只鸽子在路上悠闲地踱步，时而飞到游客的手上叼一口冰淇淋，惹得游客露出一脸无奈又爱怜的表情，着实可爱。

广场上有几位行为艺术家浑身涂着古铜色的颜料如雕塑般几个小时一动不动，走近一看才看到他们的眼睛一眨一眨的，被吓了一跳的同时我也十分佩服他们对艺术的执着和坚持。

我继续向前走，终于看到了一项白色的帐篷，上面写着两个单词：

Tourist Consultant（旅行顾问）。咦，这是什么？在国内机场车站常有旅行社摆摊设点，难道芬兰旅游局为了扩展业务，也派导游到广场来"办公"了吗？在好奇心的驱使下，我快步走了过去。

帐篷内只有一位穿着白色风衣的年轻女士，一头短发，显得十分干练。于是，我走进去和她攀谈起来。

我："您好，我在芬兰会待上几周，您既然是旅行顾问，能否可以给我提供一些旅行建议呢？"

顾问："很抱歉，我无法给您提供任何建议，因为我还不知道您的需求。"

这让我非常意外。如果是国内的导游，通常都会十分热心地为我推荐几条路线以供选择。

对方似乎察觉到了我的疑虑，继续说道："我的确没办法给您建议或替您决定去哪里。不过我可以先听听您的需求，也许您需要问问自己想要获得什么？"

然后她接着问道："您来芬兰希望获得什么体验？是欣赏自然风光还是探险？是购物、娱乐，还是寻找友谊？您可以先在这张愿望清单上勾选一下。"

"什么？寻找友谊？这也可以吗？"我心里暗想，那就试试这个选项吧，看她如何帮助我找到解决方案。

"嗯，我想试试寻找友谊！"说完，我就一脸期待地等着她的回答。

这时候，有趣的事情发生了。她拿出了四件东西：一根红丝线、一个信封、一枚硬币和一小袋花生米。

"什么？友谊和它们有什么关系？"我很是惊讶。

顾问微笑着解释道:"这根红丝线,您可以系在手腕上或者腰间,在路上随风飘扬,一定非常引人注目,很有可能人们会和您打招呼。当然,如果您有红围巾,效果可能会更好。

"至于信封呢,您可以写信给您想要收到信的那个人,或者如果您不知道寄给谁,也可以把它放在邮箱里,或者漂流瓶里,遇到一个未知的人,一段友谊可能会就此开始。

"而硬币呢,您可以先在心里许下一个愿望,然后到奥运塔上把它扔下来,据说愿望就会实现。"(原来芬兰人也信这个,不过万一掉下来砸到行人怎么办?)

"那么花生米是做什么的呢?"(一些朋友居然说可以请人喝酒做下酒菜……)

顾问说:"芬兰有很多森林,森林里面有很多松鼠,它们也可以做您的朋友,它们很喜欢吃花生米。"

听完顾问的话,我觉得她真是一位充满智慧又聪明可爱的姑娘。如果真如她所说,也许我真的能够得到一段意料之外的友谊。

那么,后来我得到这段友谊了吗?

答案是没有。

因为……

我什么都没有做。

为什么我什么都没有做呢?

是因为我急着赶火车回去,没有时间?还是因为我不好意思系上红丝线?

思考良久,我终于得出结论,其根源是因为我心中从没有渴望获得写在愿望清单里的友谊。友谊，只是我试探那位旅行顾问的一个题目而已。对我而言，我从未渴望在芬兰发生什么艳遇或者通过这种方式交朋友，我来此的目的是工作。虽然那段时间我刚刚结束了一段感情，但我还沉浸其中，从没想过重新开始。换言之，如果没有获得意料之外的友谊，我其实毫不在乎，算不上失望，也就更谈不上痛苦了。甚至因为想要逃避，心中还有些庆幸还好没有遇到。所以，我没有采取任何行动也就不奇怪了。

在这个故事里，结局毫无意外，因为我没有采取任何行动。没有采取任何行动，是因为我没有强烈的动机。没有强烈的动机，是因为这个结果并不是我渴望获得的，或者说，这个结果并不会让我感到任何痛苦。没有痛苦，也就没有强烈的动机。没有强烈的动机，也就没有采取行动。没有采取行动，也就没有产生任何变化。

从此，这个有些遥远的故事在我心中种下了一颗小小的思想的种子：**无痛点，不行动**。

知 从本节中，你得到了什么信息或知识？

省 关于"无痛点，不行动"，你有没有遇到过类似的情况？

行 试着找出一个你许久没有采取行动的事例，并询问自己对此是否有痛点。

触动——赶火车的女士

另外一个故事也是旅途中发生的,但结果却正好相反。如果说第一个故事讲的是"无痛点,不行动",那么下面这个故事讲的就是:"**足够痛,才行动**"。

有一次我和同事计划到某城市出差,因为天气原因,航班取消了,之后我们临时购买了火车票,然后紧急赶往火车站。路上异常拥堵,赶到火车站的时候距离检票结束只剩下七分钟了,无奈之下只得求人插队过了安检,赶紧冲向检票口。我的同事说:"倪老师,来不及了。"我说:"试试看,快跑!"我们以百米冲刺的速度,终于及时赶到了检票口。

坐上火车,同事仍旧气喘吁吁:"倪老师,平时看您都是慢条斯理的,没想到关键时刻您跑得比我还快。"

我说:"其实我并不擅长跑步,但我知道如果赶不上这趟火车,后果有多严重!如果赶不上这趟车,就错过了所有的火车和航班,坐汽车也来不及。可是参加培训的30名学员,包括他们的董事长都在那里等我们。在我看来,这是一个严重的事故。我绝不能迟到!仅此而已!"

我成功地做到了，是因为我积极地采取了行动。我之所以积极地行动，则是因为如果不采取行动，我就无法准时到达现场，那么后果会很严重。承诺无法兑现，其结果将让我承受巨大的痛苦。

由此，我得出了一个结论。**结果由行动产生，行动由动机启动。动机强，则行动强；动机弱，则行动弱。**

我们越渴望成功，就越害怕失去的痛苦，则动机越强，行动越坚定，结果是成功的可能性越高。反之，如果没有达到目的也没有太多痛苦，则说明动机很弱，行动就难以坚定，结果也往往不尽如人意。

这个发现让我开始思考：为什么有的人拖延症很严重，有的人则能够做到今日事今日毕？为什么有的人消极被动，有的人却能够积极主动？为什么有的人一事无成，有的人却成就卓著？

除此之外，还有我们的家庭。为什么有的孩子勤奋好学，有的孩子却讨厌读书？为什么有的夫妻同床异梦，有的夫妻却能够琴瑟和鸣？

还有人际关系、社会组织等。为什么有的团队沟通不畅，有的团队却能够合作紧密？为什么有的公司昙花一现，有的公司却能够基业长青？为什么有的国家陷入困境，而有的国家却能够持续发展？

如果我们知道自己想要什么，知道其他人想要什么，然后再采取行动，是不是能够有效地提升效能和成功率呢？反之，如果我们知道自己不想要什么，或者知道哪些对于我们而言是不重要的，那么我们是不是由此可以放弃执念，把精力更多地投入到对我们更重要的事情当中去呢？

这些都是触发我们采取行动的激励因素——动机。

除了动机之外,还需要哪些必要条件才能够一步一步地实现我们的重要目标,甚至人生梦想呢?

带着这些思考,我开始寻找问题的答案。

知　从本节中,你得到了哪些信息或知识?

省　关于"有痛点,才行动",你有没有遇到过类似的情况?

行　你是如何找到痛点的?

雏形——姜老师和高老师

下面是一个发生在我和我儿子身上的真实故事。故事中的两位老师向我的儿子问了几乎完全相同的问题,却得到了截然不同的答案。而正是借助于他们所提的问题,让我的痛点教练模型渐渐清晰起来。

我儿子刚上初中二年级的时候,我和许多焦虑的家长一样,总是担心孩子的学习成绩,到处寻找优质的课外辅导班。有一天,我收到一条短信,对方声称可以为初中二年级的孩子提供量身定制的学习解决方案。量身定制学习解决方案这一点对我很有诱惑力。很快,我就像一条看见蚯蚓的鱼儿一样,明明知道上面有钩,却还是不由自主地咬住了。随后,我带着我的儿子小钱同学来到了这家教育咨询机构。一位挂着工牌姓姜的女老师负责接待我们。有意思的是,我很快便注意到她似乎在刻意使用一些结构化的语言。

以下是她和我的儿子小钱同学的对话:

姜老师:同学,你好,你来这里,**是对自己的学习还不够满意吧?**
钱同学:嗯。
姜老师:那么你有什么目标呢?
钱同学:我想看看有什么办法能够提高一下我的学习成绩。

姜老师：好，想改善学习成绩对吗？那么现在离你的目标还有多大差距呢？

钱同学：多大差距我说不上来，反正现在还不够好，我妈妈也不是很满意。

姜老师：那你有没有想过应该怎样提高学习成绩呢？

钱同学：上课认真一点，做作业仔细一点，考试多检查一下。

姜老师：那下一步你打算怎么做？

钱同学：怎么做？就是上课再认真一点，做作业再仔细一点，考试再多检查一下。

姜老师：你觉得我可以帮你做些什么呢？

钱同学：没有了，谢谢老师。

儿子转头看着我，皱着眉头，然后轻轻地说：妈妈，要不我们先回家吧。

我们转身刚要走，这时候来了一位没有挂工牌的老师，好像是这里的负责人。因为他个子很高，我们暂且就叫他高老师吧。他看见我们要走，便微笑着和我们打招呼："我刚才就看到你们母子俩了，因为妈妈气质很好，孩子也很清秀，所以特别想和你们聊聊。既然来了，请稍坐一下，再沟通几分钟，您看怎么样？我去给你们倒茶吧？"

听他这么一说，我们不好马上拒绝，只好坐在那里等他去倒茶。这时候，儿子拍拍我的口袋，意思是让我当心钱包。因为我为人比较感性，花钱比较随意，所以便由他负责管理我的预算。我会心地点点头，轻声告诉儿子，如果这位高老师不能给出定制的学习解决方案我们就立刻回家；反之，我也很愿意对孩子的学习进行投资。

这时候高老师回来了。想起刚才姜老师一板一眼的问话，我猜测他们可能专门训练过话术。以下是高老师和我们的对话。和姜老师相比，两人有很多相似之处，不过奇怪的是，对话结果却大相径庭。

高老师：你好，同学，我先介绍一下自己，我姓高，是个名副其实的高人，身高一米九。很高兴认识你和你妈妈。你叫什么名字呢？

钱同学：您叫我小钱好了。

高老师：太好了，小钱同学，我们不急着聊学习。我们先认识一下好吗？

钱同学：好啊。

高老师：你平时都玩些什么呢？

钱同学：我喜欢玩电脑游戏。

高老师：真不错，会玩游戏的孩子通常都是聪明的。你都玩哪些游戏呢？

钱同学：神庙逃亡、穿越火线之类的，你也爱玩吗？你玩得怎么样啊？

高老师：我只是偶尔玩一下，应该没有你玩得好，下次和你切磋一下。我发现有些孩子只会学习，有些孩子只会玩，还有一些孩子既会学习，又会玩。你喜欢做哪一种孩子呢？

钱同学：那还用说，当然是既会玩又会学习的了。

高老师：太棒了，我就喜欢你这样的孩子！玩的方面我可能帮不上太多忙，但学习方面我也许可以帮助你，你对自己的成绩满意吗？

钱同学：不够满意。

高老师：嗯，对自己有要求的孩子才会不断进步！那你有学习目标吗?不要告诉我成绩好一点,那不是一个好的目标。好的目标是很明确的!比如,你中考要考哪所学校?

钱同学:杭二中。

高老师:有志气!我就喜欢你这样的孩子!杭二中是杭州最好的高中。不仅生源好,老师也非常不错。你如果考入了杭二中,相当于一只脚踏进了名牌大学。杭二中还很注意学生的身体锻炼和思维的创新,这是所很棒的学校!

钱同学:你这么一说,我觉得要是考不上的话就很可惜了。

高老师:是啊。你有目标很好,那你现在距离这个目标还有多大的差距呢?

钱同学:我也不知道。

高老师:那么我们先来看看你期末的摸底考试分数,距离去年杭二中的录取分数线**差距有多大**?

随后,钱同学和高老师把各科分数加在了一起,计算结果是离杭二中分数线还有 10 分左右的距离。

高老师:这个差距是完全可以弥补的。我们可以分析一下,你的英语比较有优势,语文也还可以,数学差了十几分,科学也还不错。看来你的主要优势科目是英语,主要弱势科目是数学。那么,你想过怎样提升自己的成绩吗?

钱同学:就是把弱科补一补,强科保持住。

高老师:太聪明了,我们有个原则,叫"弱科补强,强科更强"。所以你打算怎么补强和保强呢?

钱同学:保强主要是上课认真听讲,认真完成作业。但是弱科数学可能需要补习一下了。

高老师：嗯，你知道数学从哪里开始补起吗？

钱同学：通过考试，老师就知道我的哪些知识掌握得好，哪些还没有掌握。把掌握得不好的知识点找出来补课。

高老师：太聪明了！那我找数学老师给你测试一下。然后根据你的测试结果来为你设计补习计划，你看怎么样？

钱同学：好的！

随后，高老师便去安排老师进行测试，当场改卷。最后高老师又推荐了一位数学老师，并立即制订了补习计划。

在这里，我们看到两位老师使用了同样的句式：

（1）你满意吗？

（2）有什么目标？

（3）有哪些差距？

（4）有什么方案和建议？

（5）你打算怎么做？

（6）我们可以帮你做些什么？

奇怪的是，虽然两人使用了同样的句式，但为什么我们对姜老师缺乏信任，却愿意相信高老师呢？我又进一步比较了两位老师的语言表述，发现了一些不同之处（见表1-1）。

表1-1 对比两位老师的语言

痛点教练流程	姜老师	高老师
发现痛点	是对自己的学习还不够满意吧	太棒了，我就喜欢你这样的孩子！玩的方面我可能帮不上太忙，但学习方面我也许可以帮你，你对自己的成绩满意吗

（续）

痛点教练流程	姜老师	高老师
明确目标	那么你有什么目标呢	嗯，对自己有要求的孩子才会不断进步！那你有学习目标吗？不要告诉我成绩好一点，那不是一个好的目标。好的目标是很明确的！比如，你中考要考哪所学校
评估分析	差距分析：想改善学习成绩对吗？那么现在离你的目标还有多大差距呢	差距分析： 是啊。你有目标很好，那你现在距离这个目标还有多大的差距呢？ 我们来看看你期末的摸底考试分数，距离去年杭二中的录取分数线差距有多大 资源分析： 这个差距是完全可以弥补的。我们可以分析一下，你的英语比较有优势，语文也还可以。数学差了十几分，科学也还不错。看来你的主要优势科目是英语，主要弱势科目是数学
甄选方案	那你有没有想过应该怎样提高学习成绩呢	你想过怎样提升自己的成绩吗 太聪明了，我们有个原则，叫"弱科补强，强科更强"。所以你打算怎么补强和保强呢？
促成行动	那下一步打算怎么做	嗯，你知道数学从哪里开始补起吗 太聪明了！那我找数学老师给你测试一下。然后根据你的测试结果来为你设计补习计划，你看怎么样
确保支持	你觉得我可以帮你做些什么呢	随后，高老师便去安排老师进行测试，当场改卷。最后高老师又推荐了一位数学老师，并立即制订了补习计划

两位老师问了一些几乎完全相同的问题，结果却是一个使我们准备失望地离开，另一个让我们满心欢喜地埋单。通过上面的案例，大家是否已经看到了两位老师运用话术的区别？而高老师背后的成功要素是什么呢？

知 在本节中，你得到了哪些信息或知识？

省 姜老师和高老师之间有什么共同点和不同点？结合自己的实际情况，你在日常的沟通中更接近哪一位老师？为什么？

行 寻找一个销售产品或说服他人的场景，并尝试使用以上模型。

成型——从专业陷阱到筷箸思维

带着以上疑问,我在工作、生活中不断思考和总结,希望能够充实和优化以上模型,最终归纳出了"痛点教练六步曲",并且将它应用于各种场景之中。我发现,这一方法就像一个基本公式,可以用来解决各种复杂的问题。而且,在每个步骤中又有很多的变量,同时可以搭配大量的工具作为辅助。

看到自己的努力开花结果,我很有成就感。我甚至还把每个步骤又分为三个二级步骤,总共18个步骤,我很希望将这些都分享给大家。直到有一天,我发现了专业陷阱现象。

专业陷阱

专业陷阱现象是指,专业人士在自己的专业领域钻研得很深入,这就如同挖掘深坑,自己早已身处坑底而不自知。而对于非专业人士而言,它却可能是一个深深的陷阱,因为几乎所有的非专业人士都希望脚下是平坦的大道,可以轻松前进。

前些年我曾经负责管理一家3D打印机公司。记得在刚刚接手的时候,我对机器如何使用几乎一无所知。我拿着厚厚的一沓产品说明书研究了半天也还是一头雾水。研发总监发现了我的窘迫，赶紧过来帮忙。我问他，这本说明书是谁写的。他自豪地回答，是他编写的。我询问他是否可以将其简化为一页标准关键流程，做到三步开机，他顿时面露难色，但还是勉强答应了。我的理由很简单，因为我们的产品使用者主要是小学生和初中生，他们都不是专业技术人员，3D打印作为一项全新的技术，对于绝大多数人来说都是十分陌生的。

过了几天，研发总监竟然真的把三步开机的说明书编写出来了，为此还特意修改了一个程序，确保使用者看到的界面是最常用的标准界面，而非工程师操作界面。我也得以顺利地在1分钟内成功开机。

对于研发总监来说，把两百页说明书变成一页说明书的过程显然是一个不断做出取舍的过程，而取舍的唯一标准就是对使用者而言是否更友好和更高效。受此启发，在之后的工作和生活中，我总是在告诫自己不能制造专业陷阱，只保留最必要的内容即可。显而易见，"痛点教练六步曲"就是本书最基础的结构，也是最必要的结构。我把这种只保留最必要内容的思维称为"筷箸思维"。

筷箸思维

我第一次吃西餐的时候便彻底傻眼了，因为面前摆放着三刀、三叉、三杯、三碟，我完全不知道该如何使用它们。经过学习，我才知道它们分别是黄油刀、切鱼刀、切肉刀以及沙拉叉、鱼叉和肉叉，杯子是白葡萄酒杯、红葡萄酒杯和水杯，碟子是汤碟、食碟、面包碟。不管是使用者还是服务者，都需要经过专门的训练才不会搞错。

有时候我会莫名生出一种错觉，我们就像欧洲中世纪的贵族，脸上化着精致的妆容，穿着厚重烦冗的服装，等待着侍者上菜。每道菜都需要配备不同的餐具，侍者首先会帮我们铺好餐布，递上餐具，我不必自己动手，却需要知道如何优雅而熟练地使用各种餐具，不能露怯，即使自己完全不懂，也要装出很享受的样子。眼前的餐具们"严肃而骄傲地"看着我，我似乎成了它们的奴隶，而不是它们的主人。

可我只是个普通人，我喜欢自由和简单的生活。餐具也只是我的工具，自然也要力求简单方便。那么像我一样的普罗大众日常又是怎么吃饭的呢？回到家里，你会发现每次吃饭，桌子上最重要的餐具，除了盛菜的碗，就是人手一双的筷子了。这是中国人的用餐习惯。

外国人总会感叹，中国的筷子非常神奇。筷子，在中国古代又叫筷箸，"箸"是助的意思，是中国人发明的进食工具，也是中华文明的结晶。它完全可以完成黄油刀、切鱼刀、切肉刀、沙拉叉、鱼叉和肉叉的工作，甚至还能部分替代勺子的功能。对于一些流质食物，它也可以顺利地将其送入你的嘴里。它唯一的缺点是不能舀汤，但是汤不是可以直接喝吗？

我喜欢筷子。因为它结构简单，使用方便，获取容易。它的原材料随处可得，可以是竹子、木头，也可以是陶瓷、金属，有时甚至是两根手指，必要时随手拿起两根簪子也可以代替。只要有两根既可独立又可组合的"棍子"，可拨、可叉、可夹，便是一双完美的筷子。

这和中医倡导的"廉、验、便"，有异曲同工之妙。当地的食物往往就是最好的药，因为它们最便宜、最有效、最容易获取。我们生活的大自然是一个神奇的自洽系统。在湿气深重的川蜀盆地，人们多吃辣椒来祛湿；在寒冷的青藏高原，人们恐怕需要多吃一些牛羊肉来增加热量摄取，以抵御严寒。

我喜欢大自然，也同样尊重大自然的生存法则。人的生活、工作，所有的一切都无法逃脱自然规律的支配，思维工具也是如此。我的思维工具的素材来源于生活，**也能在生活中得到自洽和验证**。我希望分享给大家的所有管理工具就像一双双筷子，实用、通用、易用。由此，才能够让更多的人方便获取，便于分享，广泛使用。这也算是我的一个朴素的愿景吧。

痛点教练的第一大特点是实用。它能解决实际问题。通过六大步骤，让你化身教练，一步步启迪思考，最终获得解决方案。痛点教练的每一个步骤都可以独立存在。每一个步骤都可以解决相关的问题，获得相应的成果。

痛点教练的第二个特点是通用。它能解决工作和生活、个人和组织中的各种问题。本书在第三、第四、第五章列举的案例，全部都是通过"痛点教练六步曲"，解决了个人、家庭和组织出现的各种问题。

痛点教练的第三个特点是易用。即使面对各种复杂的问题，它也能轻松解决。"痛点教练六步曲"就如同一项公式，只需要输入准确的信息，便能够自动得出解决方案。在本书中，我将毫无保留地分享有关痛点教练的关键知识和案例，广大读者可以通过自学掌握。对于一般的问题，读者完全可以自行分析和解决。

"痛点教练六步曲"极具包容性和弹性。在各种应用场景中，它可以和其他众多工具搭配使用。为了得到我们想要的结果，每个步骤皆可以搭配使用其他的辅助工具。

比如，我们在生涯规划场景中，第一步发现痛点时，便可以搭配使用人生愿景。如果是解决组织的复杂问题，我们可能需要设计深度的景象剧本。

在第二步明确目标时，人们常常借用一些经典的制定目标的原则。如今，随着世界发展的速度越来越快，我们面临的挑战也越来越大。在制定发展规划时，更多的创新型企业已经开始尝试新的更具挑战性、更聚焦结果、也更迅速迭代的目标衡量标准。

当我们进入第三步进行评估分析的时候，针对不同的问题更需要不同的工具组合。例如，做职业生涯分析的时候需要考虑其性格特点、团队角色、胜任力和优势等，需要配套的工具进行评估。如果是进行公司的战略分析，就要使用与战略规划相关的工具，如战略地图和价值控制点等。

在第四步收集建议时，我常常使用结构化的群策群力会议方式进行脑力激荡来激发创意。在收集了大量建议之后，再使用盈利分析法来确定方案的优先级。

第五步，在制订下一步行动计划时，我会使用几种不同的行动计划模板。在第二章中，我会对此做出更加详细的说明。而在培训中，我则常常使用"知省行"的思维工具鼓励大家将知识转化为行动。

至于第六步支持，针对利益相关者的分析，常常使用双赢协议。为了加强承诺的有效性，有时我会采用最原始的方法——签字画押作为其中的一个管理动作。

总之,"痛点教练六步曲"模型是一个思维工具。你可以把它当作一双筷子,单独使用,也可以搭配其他餐具使用;你也可以把它当作一本菜谱,只要照猫画虎,勤加练习,你也能练成一手标准的好手艺。若是能把它消化吸收,融会贯通,结合自己的经验,也许还能做出属于自己的"私家菜"和"创新菜"。

"痛点教练六步曲"模型需要我们不断地练习,它也是一种艺术修养,需要用心去体会。

知 在本节中,你得到了哪些信息或知识?

省 你拥有哪些简单而有效解决问题的工具和方法?

行 你是如何应用它们的?

痛点教练存在的意义

如何解决问题，是一个永恒的问题

英国作家查尔斯·狄更斯曾说过，"这是最好的时代，也是最坏的时代。"

本书截稿的时候，新冠肺炎疫情仍然肆虐全球，成为2020年乃至2021年影响全球的一场重大危机。但现在仍然是最好的时代。不管我们是否愿意，人们总是被时代的大潮推动着前进。互联网经济不断渗透着人们工作和生活的每一个角落，彻底改变了人们的工作、生活和学习方式，尤其是在这个特殊的时刻。

根据中国互联网络信息中心发布的第47次《中国互联网络发展状况统计报告》显示，截至2020年12月，我国网民规模达9.89亿，较2020年3月增长8540万，互联网普及率达70.4%。2020年，我国互联网行业在抵御新冠肺炎疫情和疫情常态化防控等方面都发挥了积极作用。

新冠肺炎疫情期间，全国一体化政务服务平台推出"防疫健康码"，累计申领者近9亿人，使用次数超过400亿人次，使得全国绝大部分地区实现了"一码通行"，大数据在疫情防控和复工复产过程中的作用日益凸显。同时，各大在线教育平台面向学生群体推出的各类免费直播课程，极大地满足了学生居家学习的需要，用户规模迅速增长。受新冠肺炎疫情影响，网民对在线医疗的需求量也在不断增长，进一步推动了我国医疗行业的数字化转型。截至2020年12月，我国在线教育、在线医疗用户规模分别为3.42亿、2.15亿，占网民整体数量的34.6%、21.7%。未来，互联网将在促进经济复苏、保障社会平稳运行、推动国际抗疫合作等众多方面进一步发挥重要作用。

在家移动办公，听课读书，召开远程会议，乃至买菜购物，对很多人来说已经变成一种常态。那些出门靠纸质地图和问路的日子已经一去不复返了，在校课堂教学被线上教育分流，出门喝咖啡和看电影被外卖和视频网站不断取代。对我而言，使用社交软件远程沟通方便快捷，碎片时间甚至粉末时间也可以充分利用起来进行学习，搜索信息不再需要厚厚的词典，手机导航让我不再担心迷路，这些都堪称便利。

然而，也正因为如此，这同样是一个最坏的时代。

因为互联网的普及，整个世界的节奏变得飞快。这个时代，比以往任何时候迭代的速度都更快，颠覆总是瞬息而至。新的浪潮一波又一波，让人目不暇接、猝不及防。跟不上潮流的人们就如同新时代的文盲，被人嫌弃。

在这个知识爆炸的时代，我们仿佛身处大海之中，虽然周围到处都是水，但喝到嘴里的却不是我们想要的。即使有搜索引擎，也常常因为智能学习和大数据，被聪明的机器人推送它们认为你感兴趣的东西，代替你做出了决策，代替你进行思考，而手机和各种智能设备则日益成为我们储存知识和信息的外脑。

也许在不久的将来，我们的大脑也会被植入电子设备。智能设备是如此强大，让我们对他人的依赖日益变少，人们变得不断独立的同时，人与人之间的感情也变得越发疏离。

在这种情形下，有的人越来越佛系，有的人则越来越焦虑。佛系的人是因为他们知道自己很难改变这个世界，而焦虑的人也在焦虑自己很难改变这个世界。特别是那些在企业中承担领导决策重任的企业高管和企业家们，每当我问他们是否会焦虑时，90%的人都表示肯定。当被问到焦虑的原因时，他们的答案往往是这个世界变化实在太快了，让人越来越无所适从。即使是过去有着非凡成功经验的企业家，也不敢妄言以往的经验还可以继续用于未来。事实上，越是成功的企业家，他们越能更早地感知到变化的来临，而变得愈发战战兢兢、如履薄冰。

人们常常用VUCA这个词来描述这个时代的某些特征。VUCA这个术语源于军事用语，并从20世纪90年代开始被广泛使用。VUCA对应四个英文单词的首字母：分别是易变性（Volatility），不确定性（Uncertainty），复杂性（Complexity）和模糊性（Ambiguity）。我们暂且叫它"混沌"。其实在科学界，也有一个术语叫"混沌"，英文是Chaos。自然界真的是一片混乱，充满各种稀奇古怪的东西，任何人也无法找到完全相同的两个事物。

在这个快速变化甚至混沌失控的时代，我们应该怎么办？我们该如何生存？我们又该如何发展？

当遇到各种一时难以解决的问题时，人类总是会问：怎么办？这是一个绝妙的问题,也是一个永恒的问题。

在没有食物的时候,我们会问:怎么办?
在职业生涯陷入迷茫的时候,我们会问:怎么办?
在发生冲突陷入僵局的时候,我们会问:怎么办?
在面临严重危机的时候,我们会问:怎么办?
很多年前,我曾遇到一个难题,便问当时才五岁的儿子:怎么办?
他说:凉拌!

这个回答很幽默,但现实生活中往往无法用"凉拌"来解决问题。而人类之所以能够不断地生存和发展,就是在不断地解决一个又一个问题的过程中延续着自己的生命。新时代总会产生新问题。克服了这个问题,自然会有另一个问题产生。我们也许不愿承认,然而事实就是我们无法阻止新问题的产生。

其实,每个时代都充满了未知。每个时代都有各自的难题。问题总是层出不穷。一个老问题解决了,又会出现新的问题。只是世界变化的速度不断加快,我们解决问题的能力也需要进一步加强。现代人之所以被称为智人,正是因为我们拥有智慧,可以不断地学习,进而解决问题。这个世界就如同波涛汹涌的海洋,我们必须学会冲浪才能保证自己不被巨浪吞噬。我是一个乐观主义者,每当遇到难题时,我总是提醒自己要尽力做好三件事。

首先是保持乐观的态度。这个世界变化得越来越快,我们不知道明天会是什么样子，所以我选择做一个乐观的人，将眼前的一个个问题当作一个个机会。乐观绝不是盲目的，而是要充分考虑到可能的风险和最坏的结果。当我做好准备迎接最坏结果的时候，也同样会努力做好得到最好结果的准备。因此，我便不再焦虑了。

其次是保持学习的精神。面对未知的时代，我最欣赏苏格拉底的这句话：我唯一知道的就是我一无所知。在这种情况下，我选择永不满足，锲而不舍。既然不知道，那就像个饥汉一样求知若渴，好好学习。同时像个"傻子"一样坚守初心，坚持到底。这是我对乔布斯的"保持饥饿，保持愚蠢"（stay hungry，stay foolish）一说的理解。

再次是要积极寻找行之有效的方法，也就是解决问题的方法。在充满未知的时代，永远不变的就是变化。既然如此，那就选择接纳变化，拥抱变化，甚至引领变化。既然变化是永恒的，我们就只有找到永恒的方法，才能以不变应万变。我们要学会无条件地接纳所有问题，主动积极、力所能及地解决问题，对于重要问题，未雨绸缪，推动事态的发展。

无论在什么时代，如何解决问题都是一个永恒的问题。这让生活充满了未知，也让世界因此变得更加有趣。

解题方法比答案更重要

虽然我们刷了很多题，却依然没有办法拿到高分。这是为什么呢？因为题目总是在变化，而如果我们没有学会解题方法，那么下一次我们仍旧会一筹莫展。

虽然我们读过很多书，看过很多成功人士的传记，却依然难以掌控人生的轨迹。这是为什么呢？因为你无法复制别人的人生。

虽然我们曾经接受了多年的教育，自负学富五车，却依然为生计苦苦挣扎。这是为什么呢？因为你或许只是学到了那些僵化的书本知识，学历虽高但应用能力却平常。

虽然在职场打拼多年，年龄渐长，事业却依然没有取得多大成就，这是为什么呢？因为你大概仍旧没有找到适合自己的事业发展之路。

与市场上的同类图书不同，我写作本书的初衷并不是让大家去研究其他组织或者个人是如何取得成功的，也并非希望简单地将别人的成功经验套用到自己的身上。这样做的结果无异于削足适履，而别人的解决之道也不一定适合自己。

因此，本书的着眼点并不是模仿某个特定组织或个人的成功经验，而是那些具有普适性的取得成功的方法，一个适合普罗大众的方法。它可以用于各行各业、各个年龄段，乃至各个国家和地区的各种性质的问题。书中有大量的案例，全部都可以在生活中找到原型，而且他们都通过使用痛点教练模型取得了良好的效果。这足以说明痛点教练模型的普适性。

但是，这并非意味着你必须要复制他们的道路。因为不管是海底捞还是丽思卡尔顿，不管是任正非还是乔布斯，虽然他们的确都有很多值得我们认真学习的地方，但是每一家企业和个人的成功都有其独特的时代背景和领导者个人意志的烙印。

一千位读者的心中就有一千位痛点教练。我们要学习的不是别人的经验，而是他们取得成功的方法。我们不能简单地抄作业、抄答案，我们要学会使用公式，学会解题思路。

记得有一位哲人曾说过，"这个世界上只有三件事：老天的事、别人的事、自己的事。"巴菲特说过："只有微观是我们可以影响的。"我深以为然。很显然，我们没有办法改变宏观世界的发展趋势，只有微观世界是我们可以加以影响的。我理解的微观世界便是我们身边的各种琐事，我们能够施加影响的事件，我们可以用显微镜观察的事件，包括你我的行为和内心独白。这些事物如此细微，以至于旁人无法察觉和体味。因此，你变成了自己最好的心理医生，因为只有你自己最清楚自己的感受。也正因为如此，**我们若想要解决这些琐碎的问题，必须要从解决自己的问题开始，从解决自己力所能及的问题开始。**

据说，英国的威斯敏斯特教堂里有一块墓碑，上面镌刻着一段名言："当我年轻的时候，我梦想改变这个世界；当我成熟以后，我发现我不能够改变这个世界，我将目光缩短了些，决定只改变我的国家；当我进入暮年以后，我发现我不能够改变我的国家；我最后的愿望仅仅是改变一下我的家庭，但是，这也不可能。现在，当我躺在床上，行将就木时，我突然意识到：如果一开始我仅仅去改变我自己，然后，我可能改变我的家庭；在家人的帮助和鼓励下，我可能为国家做一些事情；然后，谁知道呢？我甚至可能改变这个世界。"

我没有去考证过是不是真的有这块墓碑，但是这并不重要。重要的是它阐明了一个道理：我们需要躬身入局，脚踏实地，做那些我们可以施加影响的事情，而不是好高骛远、眼高手低，更不能怨天尤人、无病呻吟，抑或是成为"杠精""愤青""键盘侠"等。

一屋不扫何以扫天下？与其整日心忧天下，不如先动手解决身边的问题，那些最现实的问题。

本书的整体设计，也正是按照个人生活、组织发展、创业发展这三个层面层层递进的。正所谓修身、齐家、治国、平天下。

我们必须承认这个世界是变化莫测的，而且变化的速度越来越快。在这个快速变化、不断迭代和迅速颠覆的时代，在这个一片混沌、充满未知的时代，我们应该如何面对这个世界呢？答案是没有标准答案，但有解题方法。

㊗ 在本节中，你得到了哪些信息或知识？

㊙ 提出一个你认为自己难以解决的问题。

㊚ 你给出的解决方法是什么？它是否有效？

问题没有解决的六个原因和痛点教练模型

每天都会有无数的新问题出现；每天人们总是为解决各种问题而殚精竭虑；每天仍然有许多问题毫无进展，难以解决。

那么种种问题没有取得进展或难以解决的根本原因是什么呢？从大量的案例中，我总结了以下问题难以获得解决的六大原因。

现在，请你列举一个被搁置很久却迟迟没有任何进展的问题、项目或者任务，对照下文，看是不是有以下六大原因的存在。

原因一：实施者没有感觉到痛点，动力不足

如果没有人真正在乎事情的进展，问题难以解决或者停滞不前对实施者不会造成什么影响，更不用说造成痛苦，那我几乎可以断定，该问题已经没有了推动者。因为没有痛点，就没有动力解决问题。在我们的工作和生活中，这样的例子比比皆是。

我为什么要卖力去做？

曾经有一家公司的老板很生气地告诉我，他们公司有A、B两大产品系列。他明明看到一位客户准备采购B产品，而销售人员却一直推销A产品，贬低B产品。当我询问相关销售人员时，该销售人员说："因为我只负责卖A产品，我是拿不到B产品的提成的。那么，我为什么要向

客户推销 B 产品呢？卖掉 B 产品，对我有什么好处呢？B 产品卖不掉，对我又有什么损失呢？既然没有任何影响，我为什么要卖力做呢？"

员工没有动力，公司无法实现上下同欲，是太多公司难以摆脱的现状。作为公司的经营者，他们要思考的问题是：如何激发员工动力？员工渴望获得什么？他们担心什么？需要什么样的制度、体系、文化、资源，使得员工的诉求可以通过完成公司的相关目标来实现呢？

小菲为什么没办法减重？

公司同事小菲每天都喊着要减肥。她身高 1.63 米，体重 150 斤。皮肤白里透红，性格活泼，很讨人喜欢，而且工作勤奋积极，同事们都很喜欢她。可是，她的饮食习惯就让人不敢恭维了。她每天要吃一盒冰淇淋，一块奶油小方或者榴梿千层蛋糕，还要喝两杯带奶盖的奶茶，并且常备蜜饯，但从不运动。每次享用甜点和零食前，她都会自言自语："吃饱了才有力气减肥。"但每次吃完，她都会忏悔："好罪恶啊，我必须得减肥了。"人们都说减肥有两个法宝，管住嘴，迈开腿，但是我从没见她实践过其中的任何一项。

有一次她又喊着要减肥，我不失时机地揶揄道："小菲，说说看，你为什么要减肥呢？你现在这样不是挺好的吗？既能享受美食，又不用辛苦锻炼，长得还这么讨人喜欢，有什么不好呢？"她一本正经地回答："是啊，我为什么要减肥呢？环肥燕瘦，如果让我选的话，赵飞燕和杨玉环的身材，我是更喜欢杨玉环的。"其实，整个部门的人都很喜欢小菲，至于她的身材如何，她并不在乎，而我们显然也不在乎。既然如此，小菲便不会将减肥付诸行动，因为她没有减肥的动力。

当人们没有动力的时候，任何主动行为都不会发生。因为主人公并没有将其视为需要解决的问题，自然也就不会发现问题。

原因二：目标模糊不清甚至缺失

在整理几个深度咨询的案例报告中，我发现那些成功推动改革的组织都是上下同欲，目标清晰的。这些公司的考核也紧紧围绕最重要的几条标准，目标清晰而坚定。而其结果通常也很圆满。

反之，那些无法推进改革的公司，80%的问题在于公司经营者的目标没有清晰地传递给其他团队成员。人们虽然都知道要改变，明明都对现状不满，也渴望改变，但是由于目标不明确，最终往往还是原地打转，难有寸进。

不仅是公司，个人更是如此。

记得有一次，我在为一家企业做愿景分析工作坊时，提及个人愿景的时候，我问道："你想成为一个什么样的人呢？"这时候，有一位年轻人缓缓拿出了手机，打开百度，输入"我想成为一个什么样的人"。

下面的三个例子都明确地告诉了我们，没有明确的目标，我们的人生和企业的发展都是灾难性的。

缺失人生目标的年轻人

我记得，曾有一位同事常常向我提起他的儿子。我们暂且称他的儿子为英。英已经二十五岁了，却已经在家赋闲五年。他每天闭门不出，饭也是由父亲来做。原来在他小时候母亲改嫁他乡，父亲常年出差，英平时全靠奶奶照顾。高三那年，奶奶也撒手人寰。失去了从小相依为命的奶奶，他一下子失去了人生目标，变得日益颓丧。

以前他读书是为了哄奶奶开心，成绩还不错。可自从奶奶去世之后，他完全迷失了自己，随后高考失利。他没有选择复读，也没有找工作，每天都宅在家里，无所事事。

父亲无可奈何，只好去咨询心理医生，初步诊断他患上了抑郁症。因为担心儿子有自杀倾向，父亲不敢再出差，每天准时回家，守在他的身边。

英也十分痛苦，但是他找不到自己的目标。他像婴儿一样无助，几乎完全丧失了生活自理能力。同时他的性格变得异常暴躁，一言不合就和父亲吵架，有时甚至拳脚相向。邻居好心来劝架，也会惨遭辱骂。渐渐地，他变成了一个问题青年。父亲几次帮他介绍工作，往往没有两三个月他便会被单位辞退。因为他工作从不积极主动，一副得过且过的样子。

职业目标模糊的小张

在最近一轮裁员中，小张的名字也出现在名单中。

小张原本是一名高才生。毕业后进入了东北的一家老牌国有企业，如今已经是第七个年头。他的日常工作很轻松，作为公司的采购人员，他对工作流程早已熟稔，对供应商也毫不陌生。每天早晨一上班，照例是先帮领导泡一杯茶，然后就是浏览新闻。依次在朋友圈点赞之后，再看看热搜和抖音。熬到中午，因为单位离家很近，他一般会回家吃个午饭，睡个午觉，然后再来上班。午后时光除了和同事聊聊最新热点别无新意。往往到了下午四点半，便准备收工下班。

他今年刚刚三十岁出头，也早已经厌倦了公司里人浮于事、行尸走肉般的现状。他也很担心这样下去自己迟早会"自废武功"。他渴望改变，也曾考虑跳槽。可是，他只是隐约觉得哪里不对，却完全不清楚自己到底想要什么。什么职位才是适合自己的工作？职业目标是什么？他不知道。没有明确的职业规划方向的他就这样继续迷失，直到公司开始裁员，他也失去了工作。

目标不清的创业公司

王星浩（化名）是个雄心勃勃的人。从小到大，他都非常努力。每年都被评为三好学生。上大学时，他一边拿奖学金，一边担任学会生干部。由于学习成绩优异，英文也很流利，又有管理经验，在老师的推荐下，先后有两家外企邀请他参加管培生项目，然而都被他拒绝了。

因为他不想给人打工，只想自己创业。他不喜欢朝九晚五的生活，一心向往着创业的激情和荣光。他认为在外企打工有天花板，同时也不希望自己错过互联网的热潮。因此，他毅然决然地从南京来到杭州，拉上两个伙伴，注册了一家互联网科技公司。

为了生存下去，他们开网店，提供PPT设计服务，也提供动漫制作，甚至还提供翻译服务。随后他开始尝试进入智能机器人领域。然而，没过三个月，他父亲提供的100万元天使投资就已经被花光了，两个合伙人也离他而去。智能机器人项目的前景看起来很美好，可是，究竟要造出什么样的机器人，为哪些用户提供服务？什么时候能够设计出第一台具备实用性的机器人？王星浩对这所有的一切都是模糊不清的。

他常说，创业无非就是走一步看一步而已。可是，你究竟要去哪里？如果一个公司的经营者都不知道公司该走向哪里，又怎么可能知道自己前进的方向是否正确呢？如果不知道发展方向，经营者又如何保障投入的资源能得到有效利用呢？经营者又怎样让投资人和合伙人安心呢？

目标不清，甚至缺失，就如同导航不知道目的地，要么原地打转，要么便是盲目前进，最终南辕北辙，误入歧途，甚至彻底失败。

原因三：缺乏必要的评估和分析

我们也许知道自己的目标，但是我们不一定清楚地了解自己的现状。我们也许知道自己的现状，但我们可能还没有意识到现状和目标的差距有多大。我们也许已经知道这其中的差距，但我们并不确定自己的手中有哪些资源、眼前有哪些障碍、路上有哪些机会以及风险。

王星浩在第一次创业受挫后，吸取了目标不清的教训，他在二次创业一开始就制定了明确的目标，并决心聚焦目标，深耕智能机器人领域。然而，不幸的是，他再次失败了。这又是为什么呢？

未经评估的研发目标和计划

王星浩在花光父亲的100万元天使投资后，他的同班好友张志超（化名）被他的宏伟愿景和激动人心的目标所打动，决心加入他的团队，并且帮他找到了另一位天使投资人。虽然天使投资人通常是家人、朋友或冒险家，但作为投资人，有权知道他的投资什么时候可以得到回报。投资人要求，必须在年底前提交明确的产品规划书。

随后，王星浩和张志超在投资人的要求下做出以下产品规划：到2019年1月底前完成开发可行性评估和产品设计任务书；7月底前完成实验室设计样机研制；8月底前完成种子客户和小白团队内测，10月底完成产品试制，11月底完成小规模公测，12月底完成产品定型，最终在2020年1月开始大规模生产并推向市场。

作为大学演讲比赛一等奖的获得者，王星浩的演讲能力是十分出色的。他充满激情的演讲，加上极为详细的产品设计和规划时间表，顺利说服了投资人。投资人选择相信这个团队，并一次性投入了1000万元人民币作为启动资金。

然而，仅仅过了6个月，投资人便果断宣布撤资。他懊悔不迭地说道："这个智能机器人项目，我真是玩不起啊！"

原来，王星浩和张志超虽然制定了详细的研发目标和发展计划，但是他们并没有进行充分的评估分析。**评估分析包括两个步骤：**

（1）**差距分析：现实和目标的差距；**

（2）**资源分析：要缩小差距，有哪些助力和阻力，也就是哪些资源可用，哪些资源缺失。**事后复盘发现，该公司的现实情况和目标的差距很大，技术大幅落后于行业标准；至于资源的评估，他们发现要达成目标，每一步都需要大量的人力物力投入，同时需要足够的时间才可能成功。

当时，产品经理和研发总监这两个关键岗位还没有人员到岗，智能机器人项目的核心部件需要进口且有被停供的风险，没有做好中长期规划就匆匆上马研发项目，无异于纸上谈兵，这个项目注定是要夭折的。他们虽然发现了市场机会，设定了清晰的目标，却没有认真分析可能面临的阻力，以及克服这些阻力所需的大量资源。没有足够的资源投入，阻力是不会自然消失的。

中国公司的平均寿命不到四年，许多人在创业伊始便没有认真评估市场的需求、自有的竞争优势、员工的能力和相关方的利益平衡，结果一败涂地。王星浩作为企业的创始人，没有对自己的企业和所处行业进行全面和认真的分析，即使确定了发展的方向和目标，也很可能是不合理的方向和目标。目标虽然需要具有挑战性，但是可实现的目标才是合理的目标，不然便只能是一个美好的愿望罢了。而目标的合理性绝不是拍脑门就可以决定的，而是需要经过充足的分析和论证。

关于企业的全面评估，我通常会使用一个思维工具——团队宪章，用于考察企业战略的合理性和落地的可能性。评估一家企业，我们要站在旁观者或者更高维度，通过组织外部、内部、过程和结果四个维度进行扫描。它们所属的四个窗口分别代表着为什么、是什么、怎么做、谁来做；意即公司存在的意义、公司的目标、公司的体系和文化、各个利益相关者的合作模式及生态链等。

原因四：没有合理的方案

现在，假设我们充分分析了外部的机会和风险，也评估了自己手中的资源。那么，为什么问题还是无法解决呢？

在回答这个问题之前，我们不妨先来看一则古老的寓言。

一群饥肠辘辘的老鼠已经被恐惧折磨了好几天，原来主人家里新来了一只敏捷而凶狠的家猫。这一天，老鼠们齐聚一堂，讨论如何解决眼前这个心腹大患。为了避免被家猫吃掉，老鼠们纷纷献计献策。有的建议设置陷阱，让家猫陷入牢笼无法挣脱；有的建议派遣"敢死队"，牺牲小我，成全鼠族；有的建议准备毒饵，诱杀家猫以永绝后患。

老鼠们七嘴八舌，争论不休，共列出了18条建议，最后大家投票一致选择了最高明的一条：给家猫的脖子上系一个铃铛。这样，每当家猫靠近的时候，铃声便会响起，老鼠们听到声音就能够迅速逃离。因为老鼠天生怕猫，根本没有猎杀家猫的雄心壮志，它们不过想提前探知家猫的行踪，以便逃之夭夭。基于此，给家猫挂铃铛的方案似乎是最合理的。

在一片喝彩声中，有一只老鼠突然跳出来问道："那么，谁来挂铃铛呢？"

闻听此言，现场顿时陷入一片寂静。老鼠们一个个大眼瞪小眼，面面相觑。

其实，这只老鼠提出了一个很好的问题：方案合理吗？是否可行？

方案是行动开始之前的路线攻略，是明确目标、分析资源之后得出的解决方案和行动路线图。

在工作中，我们也常常会提出各种各样的方案。然而，这些方案有的价值不高，有的则实用性不强，最终大部分都不了了之。

为什么会出现这种情况呢？我认为，很可能是因为方案制订者的思想受到了某种束缚，或者说没有遭遇挑战。作为公司的经营者，其实大部分人对具体技术问题和一线的运作情况并不熟悉，其决策若没有经过充分的调研往往容易脱离实际，成为空中楼阁。如果是领导拍脑袋决定的方案，便极有可能会出现以上情况。对此，只有充分发挥经营者的领导力，激励团队成员提出足够多和足够好的方案，才能真正地集思广益，合众人之力，拿出更具可操作性的解决方案。

原因五：没有行动

假设我们已经拥有了优秀的解决方案，但为什么结果往往还不尽如人意呢？

多年前，我曾经为一家知名的药企做领导力培训。当时，会场内共有 24 人参加培训，他们被分为四组进行行动学习工作坊。我记得有一个议题关于健康行业未来的发展趋势以及如何发现并充分利用其中的战略机遇。与会者都是各部门的资深总监。大家进行了热烈的讨论并提出了许多解决方案。最后经每组投票各选出了一项投资回报率最高、整体价值最大的方案。对此，我们十分兴奋，因为这些方案实在是太优秀了。

最后，我向他们提出了一个问题："一周之后，我们现在面临的问题会有什么显著的变化吗？"大家顿时面面相觑，因为他们只是提出建议和方案，却并没有进一步制定更详细的行动规划，因此所有的方案均无法实施。当然，眼前的问题也就更谈不上有所改变了。

我们都知道，在一家企业里，若夸夸其谈者愈多，则脚踏实地者愈少，结果必然会限制企业的长久发展。如果把市场中的众多企业比作一棵棵树，那么夸夸其谈的企业就像无根之木，随波逐流；**只有脚踏实地的企业才是根基深厚、基业长青的树。**

在互联网大潮中，"迎风飞翔"的众多企业凭借着漂亮的展厅，美妙的故事，激动人心的愿景，吸引了众多投资者的目光，也吸引了无数怀揣梦想的年轻人加入。然而，只有近距离地冷静审视这类公司，我们才能清楚地分辨它们的底色。潮水退去，也是众多投资者纷纷离场，优秀员工另寻良木之时，究竟是谁在裸泳，也自然难逃众人的法眼。

原因六：缺乏足够支持

虽然已经甄选了合理的方案，制订了明智的行动计划，可是为什么有时候还是没有解决问题呢？

我在为上文提及的药企做领导力培训时，其中一个环节是制订行动计划。那一批学员都非常优秀，在进行了认真的分析和讨论之后，最终团队制订了一个漂亮的行动计划，依次列举出了关键行动、期望结果、完成时间、实施人员、所需支持、评估人员等一系列关键信息。大家一致表决通过，仿佛这个行动计划已经顺利完成了似的。

这时，我再次提出了问题："这个计划可以顺利实施吗？"他们再次面面相觑。随后他们坦诚地告诉我说，如果得不到所需支持的话，计划显然无法实施。

我相信他们说的都是事实——如果得不到足够的支持，则该项目肯定无法进一步推进。虽然你在计划中明确表示需要总经理的支持，但你不能期望总经理会主动站出来说："好的，我支持你。"总经理可能根本不知道你需要他的支持，也可能完全不清楚你需要哪些支持。同时，你也不能期望"公司"化身为人，跳出来对你说："好，我支持你。"你更不能期望"500万元"化身为人，走到你面前说："好，我支持你。"

当我有意识地跟进这些行动计划时，我看到只有大约20%的执行者最终完成了计划，而剩余80%的人却无法完成。那么，究竟是哪些因素阻碍了行动计划的完成？

经过充分的研究之后，我发现导致行动未能完成的最大因素并非执行者的能力不足，而是因为他得不到足够的支持。比如预算支持、领导的重视、跨部门的合作等。

事实上，问题没能解决的最后一个原因，有时候也是最重要的原因，就是获得的支持不足。导致支持不足的原因有很多，我们将在下一章详细讨论出现这一问题的原因和解决方案。

痛点教练模型

在了解了问题无法顺利解决的六大原因之后，那么解决方案也就跃然纸上了。"痛点教练模型"的六大步骤正是分别解决上述六大问题的六个对策。

"痛点教练模型"并不是颠覆性的创新，它只是提供了一种思维模式，是一套能够有效解决各种复杂问题的工具和方法，它也许和你以前学过的或者平时仍在使用的思维方法有某些相似之处。我只是将其进行了系统的梳理和总结，并在我的工作中反复实践，验证了它的有效性和实用性，这才鼓足勇气分享给大家。

该模型虽然朴实无华，却非常实用。它可以根据你输入的信息得出相应的结果。你输入的信息越准确，越详细，它回馈给你的结果也会越准确，越清晰。

每当我需要解决某些棘手的问题时，我都会尝试使用"痛点教练模型"，通常都可以帮我解决绝大部分的问题。同时，痛点教练模型不仅能提供思维工具和解决问题的方法，它还会激发你感受痛苦和幸福的觉察力，深入拷问你的初心和愿景。

一般来讲，"痛点教练模型"可分成三部分。

第一部分解决"为什么"，也就是发现痛点，为什么这是一个需要解决的痛点？如果不解决又会如何？这是第一步。

第二部分解决"到哪里"，怎样做算是顺利解决了问题？也就是说要达到的目标。这是第二步。

第三部分解决"怎么做",即仔细分析手中有哪些资源,如何筛选出优秀的解决方案,如何落地实施,如何整合资源获取支持。这是第三、第四、第五、第六步。

整体来看,这套模型可以让我们有效地提高认知能力,充分发挥个人潜力,极大地改善绩效表现。从这一点来看,我觉得这套模型就是我们的"贴身教练"。它应用范围广泛,个人提升、人际关系、企业发展,都是适宜的应用场景。当然,它还是一位全年无休的"教练",可以随时随地陪伴着你。由于该模型强调人的动力来自其痛点,其效用又如同"教练"一般给人指导,因此我把这套模型称为"痛点教练模型"。

"痛点教练模型"的具体步骤如下:

(1)发现痛点,激发动力。(为什么?)

(2)设定目标,明确期望。(要什么?)

(3)分析机会,评估资源。(有什么?)

(4)收集建议,确定方案。(如何做?)

(5)计划行动,落地实施。(谁来做?)

(6)整合资源,获取支持。(和谁做?)

如图 1-1 所示:发现痛点、明确目标、评估分析、甄选方案、促进行动、确保支持。

为了更好地说明和使用以上六个步骤,我又将其逐一拆解为 1~2 个关键要素,并且为习惯英语思维的同学用英语做了补充注释。构成了"Pains+Gains"的组合,正好对应一句谚语:"No pains, No gains"(一分耕耘,一分收获)。在第二章里,我会详细介绍每个步骤的含义和使用方法。

图 1-1 痛点教练模型

知 （1）在本节中，你得到了哪些信息或知识？
（2）本书为什么取名为《痛点教练》？
（3）"痛点教练模型"的三个部分六个步骤分别是什么？

省 列举一个你自己或者他人的失败案例，讨论一下是否和上述六种失败的原因有关？

行 尝试就以上案例使用"痛点教练模型"得出解决方案。

第二章
痛点教练六步曲

孙子曰：兵者，国之大事，死生之地，存亡之道，不可不察也。

夫未战而庙算胜者，得算多也；未战而庙算不胜者，得算少也。多算胜，少算不胜，而况于无算乎！吾以此观之，胜负见矣。

——《孙子兵法》

痛点于个人、于组织都是不可不察的大事，而《痛点教练》就是一本兵法书，为我们提供了解决痛点问题的一套算法。在本章中，我会具体讲解"痛点教练模型"的每一个步骤，帮助大家深入了解"痛点教练模型"，理解每个步骤的重要性及其操作方法。

发现痛点

痛苦就像火箭的燃料。痛苦的火焰一旦燃烧起来，就会形成一股巨大的动力。**痛是一种力量，我们暂且可以把它称之为"痛力"。**

痛力有两面性，正如摩擦力一样，有时它能够防止你滑倒，但有时它也会阻止你前进。发挥其正面作用便成为动力，例如你可以将解除痛苦的动机转换成奋起的力量。发挥其负面作用便可能造成伤害，比如将痛苦转嫁给他人或者深陷痛苦之中而无法自拔。显然，痛力是一把双刃剑，如果能够善加利用，有可能激发人类的最大潜能。

痛，属于一种神经反射的生理现象，可能是由于病变引起的，也可能只是内心的一种感受。本书中的痛主要代指后者，指我们内心最深处最不愿意忍受的痛苦的感受。

而引发痛苦感受的源头，我将其称之为"痛点"（Pain Point）。

人的动力来源通常分为两种，一种是逃避痛苦，另一种是追求幸福。当我询问大家两者哪一个更有力量时，许多人会回答是追求幸福，因为人人都希望拥有幸福的人生。然而，如果没有得到所追求的幸福，而你并不会因此而感到痛苦的话，说明这个所谓的幸福对你大约也是无关紧要的。如果它对你无关紧要，同时也说明它对你没有重要的意义（Purpose）。因此，意义和痛点同等重要，并且可以用痛点反证。在这里，我把引发痛苦的来源和追求幸福的意义合称为痛点。

反之，当你对尚未得到或者仍未改变的事物感到痛苦时，那么它对你一定很重要。

痛点除了能够帮助我们检验相关事物的重要性，它同时也是一种防御机制，是一种提醒，拥有积极的意义。著名的《扁鹊见蔡桓公》一文就生动形象地描述了因为对病痛的麻木迟钝，讳疾忌医而身殒命丧的故事。在心理学领域，痛点被认为有相当积极的意义。著名的心理学家阿德勒曾写过一本书叫作《自卑与超越》，书中提到人的动力许多时候来自希望克服自卑，希望做得比别人更好的心理。克服自卑的痛苦激励着人们不断努力，跳出原来的舒适区，最终超越自己，甚至比期待中的自己更加出色。

在我们的日常生活中，这样的例子比比皆是。我记得自己下定决心减重就是因为有一件事情戳中了我的痛点。当时我报名参加了一个舞蹈班，里面年轻的女孩子居多，她们每个人的身上都洋溢着傲人的青春气息，身材窈窕火辣。相比之下，我感觉自己就是一个中年胖大姐。为了遮住自己凸起的肚子和微胖的身材，只好每次都穿上宽松的服装。为此我深受刺激，从此决定开始减肥。我一边练习瑜伽，一边注意减少摄入碳水化合物和甜食。这并不是一个愉悦的过程，但和中年胖大姐的"游泳圈"带来的痛苦相比，我愿意付出汗水，并抵制食物的诱惑。因为只要我的脑海里出现"游泳圈"的画面，我便立刻充满了动力。**痛点，是赋能的燃料。**

在工作中，对品质的不懈追求也是痛点的一个重要来源。一个对自己、对工作有较高要求的人，如果发现结果没有达到预期的标准自然会难以接受，进而便会想方设法推动事态朝着更好的方向发展，直到获得满意的结果为止。

下面的几个案例便充分说明了痛点对人们工作和生活的巨大影响。

你为什么要来公司？

一家专注研发自动驾驶传感器的创业公司在招聘新员工时曾提出这样一个问题："你为什么对我们公司感兴趣？"

第一位候选人说："我想进一家不错的公司，虽然我之前的公司也还不错，但我希望自己的职业生涯能够更上一层楼。"

第二位候选人说："我的父母是普通工人，他们节衣缩食供我读书，所以老师讲的每句话我都会认真倾听，布置的习题我都会认真做完，不然就浪费了爸妈的心血，我会觉得良心不安。上大学的时候我开始参加实习赚钱，已经很少向父母要钱了，那时候我最大的希望是，父母可以不用再节衣缩食，买东西的时候也不用考虑再三、犹豫不决。

"现在我已经工作几年了，孝敬父母已经不再是问题，这时候我开始更加关注自己未来的发展。现在，我希望能够由自己主导来做一些事情，而不再是做些日常的执行工作。我希望自己能够创造更大的价值，也希望我的付出得到肯定和回报。我希望自己在40岁之前达到年收入500万元，在45岁时可以退休。

"为了实现这个愿望，我要选择一个有希望的行业，自动驾驶一定是未来的热门发展领域。同样的，我会选择行业中的关键环节，传感器便是其中的核心部件。我相信自己适合这家公司，因为这家公司需要大量融资，需要积极地对外宣传，也需要对团队进行深度激励。我大学读的是人工智能专业，研究生选修了金融管理专业，曾经在硅谷和华尔街任职。我知道，我必须付出足够的努力并且为公司创造相应的价值，才能实现个人的目标。公司要在三年内成为一家公众公司，我有信心在金融、财务、运营和技术管理领域做出自己的贡献。"

第三位候选人说："钱对我来说很重要，但并不是最重要的。我想加入这家公司是因为我学习专业的技术可以用于自动驾驶传感器的研发。我父亲是一位交警，我母亲是一位外科急诊大夫，我小时候就住在交警支队旁边，离医院也不远。尽管他们在家里尽量不谈论工作上的事，但是每次听到警车和救护车的笛声响起，他们便迅速拿起外套，夺门而出，过了很久才一脸疲惫地回来。我小时候就是在这样的环境中长大的。

"所以，我从小就在想，要是可以用更加智能、反应更加迅速的机器来驾驶车辆，是不是能够减少很多的车祸惨剧呢？我的父母都是以救死扶伤为天职的人，但是我希望他们可以不用每天加班，不用每天都面对那么多需要救助的事件。当然，自动驾驶技术需要大量的投资。但我知道这个平台有良好的投资保障，投资人和管理团队也很重视研发。我本科和研究生阶段都在学习与自动驾驶相关的专业，我想我们可以一起做出属于中国的自动驾驶传感器来。"

那么，你觉得上面三人中哪一位会更加努力呢？你觉得哪一位更适合成为公司高管或联合创始人呢？我想你一定会认定第二位和第三位候选人会更加努力，更有激情，更能推动公司的发展。因为他们的痛点更加真切而深刻。

这是一个真实的案例。现实中的公司制作了候选人胜任力画像。其中一条就是激情和坦诚。在面试的时候面试官会倾向于选择具有强烈动机并且坦诚相待的人。如今，第二位候选人已是这家独角兽公司的COO（首席运营官）；第三位候选人则成了CTO（首席技术官）；至于第一位候选人，她申请的是一份行政经理的工作，但由于目标模糊，并没有被录取。

我们来看看这三位候选人，哪一位候选人的痛点比较明确呢？第一位候选人的回答虽然准确无误，却丝毫没有情感流露。而第二位和第三位候选人的回答，却能让你感受到，如果得不到期望的职位，他们会失望和痛苦，这就是痛点。

痛苦是我们不希望经历的一种情感体验，通常为了避免更大的痛苦，你会愿意付出更多的努力。如果这些痛苦让人无法忍受也无法逃避，那么人们甚至愿意用生命为代价，只为不必再面对这种痛苦。"士可杀不可辱"的含义就准确地体现了这种心理状态。

我写作本书的目的绝不是让你忍受痛苦，更不是让你逃避痛苦，而是让你可以更加敏锐地感受到这种痛苦，并且找到解决痛苦的办法，从而避免更大的痛苦到来。同时，希望你们能够把痛苦转化成动力，朝着痛苦的反面——幸福的方向前行。

下面的案例就是一个将痛苦转化成动力，并追求幸福的故事。

美丽的新娘

前文中提到的小菲天天喊着要减肥，可是两年过去了，一直没见成效。然而在2020年春天，她却用三个月时间一下子减重30斤。这一切究竟是怎么发生的呢？

原来，去年夏天，她爱上了一个男孩。有一次他们一起去逛街，看到了一套非常漂亮的婚纱，男孩说："你穿上这件婚纱一定很美"。可是店员看了小菲一眼，冷冷地说："这儿没你的号！"

为此，小菲深受打击，她做梦都盼望着，有一天能够穿上那件美丽的婚纱，和她的爱人携手走进婚姻的殿堂。可是残酷的现实深深地刺痛了她。他们已经谈婚论嫁，婚期就定在年后。就在离开婚纱店的当天，小菲义无反顾地宣布自己要减肥。随后，她第一个月就成功减重15斤，三个月后顺利减了30斤。在结婚那天，小菲终于穿上了那件美丽的婚纱。

这样励志的故事在我们身边还有很多。当人们下定决心寻求改变时，其背后的动因往往是希望解除自己的痛苦。

男孩子突然开始努力读书了，往往是因为他担心自己喜欢的女孩子会因为成绩差瞧不起自己。

老董事长已经70岁了，每天却只睡4个小时，仍然在拼命工作。他说，他不能让公司在自己的手中没落。

酗酒者突然宣布戒酒了，原来是查到了脂肪肝，被医生严重警告。他说，他还想再多活几年。

有一位常年从事投资工作的老烟民突然宣布戒烟了，因为他算了一笔账，抽20年的烟是一笔巨大的消费而绝不是投资。

罗马斗兽场里斗牛的奴隶们，个个使出浑身解数希望节目能够精彩纷呈，不然等待他们的只能是死亡。

以上案例证明，动机越强烈，动力就越充足。

我想活下去

苏格拉底是古希腊著名的思想家、哲学家和教育家。他很少直接告诉对方答案，而是通过提问的方式引起对方的思考。曾经有个流传很广的故事便与这个主题有关。

有一天，他的一位学生问道："老师，我渴望取得成功，您有什么好的建议吗？"

苏格拉底说："傍晚时你到河边来吧，我告诉你。"

到了傍晚，学生如约而至，苏格拉底却一把将学生推入河中。这名学生不会游泳，苏格拉底显然是知道的。但河水很浅，苏格拉底也同样知道。学生惊慌失措，大喊救命。苏格拉底见学生站立不稳，连连呛水，便把他拉了起来。学生气急败坏，责问道："老师，你为什么要把我推下河去？"

苏格拉底没有直接回答，反而问道："你刚才掉进水里的时候最想要得到什么？"

"那还用说？当然是活命了！"

苏格拉底说："如果你想取得成功的愿望和刚才想活命的愿望一样清晰和强烈的话，那你离成功也就不远了。"

是啊，如果不努力求生就要面临死亡的威胁，那他怎么会不努力呢？越是清楚地知道这一点，便越能够坚定地采取行动。也有人说，追求幸福才是行动的原动力。的确，追求幸福是我们的终极目标，然而，和逃离地狱相比，奔向天堂只是锦上添花，而非雪中送炭。**人们奔向天堂的愿望有多强烈，便对掉入身后的地狱有多恐惧。**

因此，了解痛点并设法解决痛点，不仅对我们个人，对我们的组织乃至对整个社会都有巨大的影响。传音公司的发展史就很好地说明了这一点。

不仅是一口白牙

经过多年的发展，传音公司现已成为全球新兴市场手机行业的中坚力量。2019年传音手机出货量达1.37亿部，在非洲市场占有率达52.5%，排名第一。

在知名泛非商业杂志《African Business》（2020年6月版）发布的"2019/2020年度最受非洲消费者喜爱的品牌"百强榜中，传音旗下的三大手机品牌TECNO、itel及Infinix均名列前三十。其中，TECNO连续多年位居入选榜单的中国品牌之首，itel位居中国品牌第二名。

据悉，传音公司还将布局中非和东非地区。从开办代工厂到自建品牌，从白手起家到非洲称王，传音公司征服非洲的秘密武器究竟是什么呢？

"我们针对当地市场做了非常深入的调查研究，产品研发更是高度重视本地的特色，包括本地的语言、声音、审美在内。毕竟台湾人喜欢的辣，与湖南人喜欢的辣一定会有所不同。"传音公司实控人竺兆江在接受媒体采访时透露。

非洲人皮肤黝黑，在光线不佳的情况下，自拍的结果往往只能看到一口白牙。为此，传音公司特别成立攻坚小组，大量搜集当地人的照片，进行脸部轮廓、曝光补偿、成像效果的分析调校。最终通过眼睛和牙齿定位，并在此基础上加强曝光，解决了非洲消费者的自拍困扰。

因为非洲人酷爱音乐，传音手机的开机音乐铃声似乎永远都不会结束，来电时的铃声似乎全世界都能听到。

非洲人青睐多卡配置，因为配有两个SIM卡槽的手机方便用户使用两家不同的移动网络，对一些信号不稳定的国家来说具有很强的实用性。并且大多数人受消费能力所限只有一部手机，传音公司因势利导，推出了双卡双待甚至四卡四待手机，深受非洲消费者的欢迎。

可以说，传音公司在非洲的成功，很大程度上是因为他们严肃认真地对待客户的痛点，并积极为非洲用户量身定制了解除其痛点的产品。

痛点的分类

痛点到底是什么，又有哪些特点呢？对此，我查阅了不少书籍，但都没有找到一个准确的定义。因此，我按照不同的维度进行了以下分类。

（1）按照表现形式分为显性痛点和隐性痛点。

（2）按照痛点等级分为零级、一级、二级、三级、四级。

（3）按照重要程度分为重要痛点和次要痛点。

（4）按照真实程度分为真实痛点和伪装痛点。

显性痛点和隐性痛点

显性痛点比较容易辨别，因为它们通常都有比较明显的症状和表现。

生理上的显性疼痛，比如受伤出血、胃疼、牙疼等，是身体在提醒我们要注意休息，或者吃药，或者去看医生。生理上的慢性疾病往往是隐性的。例如，癌症往往是患者在每年的例行体检时才发现的，许多甚至已经到了晚期。有些人已经病入膏肓却还茫然不知。

心理上的疼痛，比如愤怒、颓废、悲伤、绝望，是可以通过观察被发现的。心理上的疼痛有时还会表现在生理上，比如茶饭不思、无法入睡等。

心理上也有一些隐藏的疼痛是很难被发现或者暂时没有意识到的。著名心理学家弗洛伊德认为，童年的痛苦若没有被治愈，便要用一生的时间来治疗。

痛点等级分类

不同痛点的等级对应的常见症状通常为无病、未病、显病、重病和绝症。

下面，我们以韩非子的散文《扁鹊见蔡桓公》为例进行讲解，如图2-1所示。

图2-1　痛点等级对应的症状

扁鹊见蔡桓公，立有间，扁鹊曰："君有疾在腠理，不治将恐深。"桓侯曰："寡人无疾。"扁鹊出，桓侯曰："医之好治不病以为功。"居十日，扁鹊复见曰："君之病在肌肤，不治将益深。"桓侯不应。扁鹊出，桓侯又不悦。居十日，扁鹊复见曰："君之病在肠胃，不治将益深。"桓侯又不应。扁鹊出，桓侯又不悦。居十日，扁鹊望桓侯而还走。桓侯故使人问之，扁鹊曰："疾在腠理，汤熨之所及也；在肌肤，针石之所及也；在肠胃，火齐之所及也；在骨髓，司命之所属，无奈何也。今在骨髓，臣是以无请也。"居五日，桓侯体痛，使人索扁鹊，已逃秦矣，桓侯遂死。

无病：没有生病，身体健康。保持良好的作息、饮食和心态即可。虽然无病，但也要防患于未然，未雨绸缪。

未病：尚未发作，病在腠理，烫熨可及。简单保养即可。

显病：已有症状，病在肌肤，针石可及。医治成本不高，治愈率较高。

重病：症状明显，病在肠胃，火齐可及。医治成本高昂，无法确保康复。

绝症：病在骨髓，司命之所属，无奈何也。即使投入大量资源，仍然无法治愈。

与之相对应的个人病症的五个层级，如表2-1所示。

表2-1 个人病症的五个层级

痛级	症状	可能表现	对应方式
零级	无病	身体健康、生活幸福，情绪平和	保持良好的生活习惯、坚守初心、合作共赢

（续）

痛级	症状	可能表现	对应方式
一级	未病	舒适、稳定、可能倦怠	保持良好的生活习惯，并防患于未然。定期进行评估和检查，适当运动，保证营养摄入，不断学习，对生理机能和心理情绪有敏感度
二级	显病	有不适感、充满焦虑或者生理病痛	高度重视，积极干预；庆幸问题已经暴露出来，视之为改善的机会；问题的背后通常会有一系列的原因；需要彻底找出病因并系统性地解决
三级	重病	非常痛苦、失眠、病灶疼痛等	求助医生，采取专业干预措施，并杜绝不良习惯，远离不利环境
四级	绝症	无可救药	接受现实，做好善后工作

与之相对应的人际病症的五个层级，如表2-2所示。

表2-2　人际病症的五个层级

痛级	症状	可能表现	对应方式
零级	无病	和谐、共赢、信任	保持良好习惯，长期合作共赢
一级	未病	舒适、稳定、可能倦怠、失去热情	看上去平静的背后需要防患于未然；对可能的变化有敏感度，需要与各相关方保持良好的沟通，不断学习
二级	显病	有误会、不理解、没有充分信任、不欣赏对方	需要引起重视，及时干预；庆幸问题已经暴露出来，视之为改善的机会；主动沟通，表达善意，并且聆听和理解对方的困境；问题的背后通常会有一系列的原因，需要彻底找出原因并系统性地加以解决
三级	重病	很难合作，在一起很痛苦，失去信任	需要积极干预，思考自己应该如何改善这种处境；试着去理解对方，同时展现自己的诚意；尽量找到与对方的共同目标，想办法找到最佳解决方案；尽量重塑信任
四级	绝症	关系破裂、无可救药	接受事实，或者等待合适的时机重塑信任

与之相对应的组织病症的五个层级，如表 2-3 所示。

表 2-3　组织病症的五个层级

痛级	症状	可能表现	对应方式
零级	无病	客户满意、产品受欢迎、员工敬业度高	需要定期检视战略方向，与利益相关方深度捆绑，包括客户、员工、股东和社区等；保证产品品质，为客户创造价值，保持正向价值观，坚持长期主义；有危机意识，未雨绸缪；凡事预则立，不预则废，平时要保持良好的文化，坚守初心
一级	未病	新客户增长缓慢、利润增长不明显、流程完整但烦琐、员工普遍处在舒适区、安于现状、较少创新	需要定期检视战略方向，并关注战略实施，防患于未然；需要定期进行评估和检查，比如在公司内部进行员工敬业度调查；在外部则进行客户满意度调查、市场份额调查等；同时还需要对竞争对手和市场出现的新变化具有敏感度；善于发现问题并及时解决；需要持续改善
二级	显病	客户投诉、员工懈怠、成本高企、销售增速停滞、利润降低	高度重视，积极干预；庆幸问题已经暴露出来，并视之为改善的机会；问题的背后通常会有一系列的原因，需要彻底找出原因并系统性地加以解决；积极拥抱和推动变革
三级	重病	销售额下降、人员流失、公司亏损	此时可能已经没有太多时间进行改良，需要进行战略性的变革管理，断臂求生
四级	绝症	公司破产	做好善后工作

当我们面临的问题已经发展到了三级和四级状态的时候，就像重病和绝症一样，已经陷入困境难以自拔了。因此，当这些问题还处在一级或者二级状态时就要引起高度重视，并积极采取行动。因为这个时候其危害度往往不大，成功实现改革的可能性很高，还能防止情况

变得更糟糕，而且成本通常是可控的。下文提及的墨菲定律讲的就是这个道理。

爱德华·墨菲（Edward A. Murphy）是美国爱德华兹空军基地的上尉工程师。他曾参加了美国空军于1949年进行的MX981实验。这个实验的目的是测定人类对加速度的承受极限。其中有一个实验项目要将16台火箭加速度计安装在受试者的上方，有两种方法可以将加速度计固定在支架上，然而不可思议的是，16台加速度计全部被装在了错误的位置上。于是墨菲做出了著名的论断：如果事情有变坏的可能，不管这种可能性有多小，它总会发生。

"墨菲定律"忠告人们：面对人类自身的缺陷，我们最好还是想得更周到、更全面一些，采取多种防范措施，防止偶然发生的人为失误导致的灾难和损失。归根结底，"错误"与我们一样，都是这个世界的一部分，狂妄自大只会使我们自讨苦吃，我们必须学会如何接受错误，并不断从中学习成功的经验。

对此，人们不仅要重视已暴露的危险，还要积极主动地去识别新的危险，防微杜渐，变事后管理为事前预防与事后管理相结合，变被动管理为主动管理，牢牢掌握管理的主动权。**痛点，正是危险的警报器。**

重要痛点和次要痛点

显性痛点常常不是最重要的部分，而隐性痛点往往隐藏在冰山之下，因此需要更加重视。

痛点到了绝症级别实际上已经是严重滞后的结果，因为无法医治，治疗已经无济于事，只能放弃。而无病时保持良好的习惯，未病时积极保养，显病时积极治疗，作为防微杜渐的管控手段，可能是更重要的。

如果说显性痛点和隐性痛点、疼痛等级的划分，主要目的是帮助大家对痛点有一个更直观和客观的认知，那么该痛点对于你是否重要则是完全主观的，但也可能是最重要的分类方式。

那么，重要痛点和次要痛点的划分标准是什么？

生理痛点的重要性往往是以对身体健康的影响程度作为衡量尺度。

并不是所有痛点都是十分重要的。有些痛点对我们的生活和工作影响不大，而且常常可以自愈，比如患了感冒往往过几天便能自愈，对身体有时反而可以起到调节的作用，对身体健康的影响不大，因此就没有那么重要。

然而，如果长期感冒，则很有可能是免疫力降低的表现。如果不加强免疫力，必定难以阻挡严重疾病的侵袭，这是一个重要的信号，应引起高度重视。

而心理痛点的重要性往往以心理上的痛苦是否影响到正常的工作和生活秩序来衡量。

比如，人们或多或少都有好胜心理。适度的好胜心可以激发人们的竞争意识，激励人们努力做得更好。然而，若是好胜心爆棚，进而变得好斗，那就很有可能无法接受失败。一旦遇到挫折，要么颓废不堪，要么为达目的不择手段。如此便可能严重影响正常的工作和生活秩序。

放下一切，静下心来，问问自己，什么是对自己来说最重要的痛点？

不要问百度，也不要问谷歌。答案就在你心里。因为只有你自己最清楚自己想要什么，想要过什么样的生活。如果你现在还不清楚，那么是时候思考一下这个问题了。

我的儿子曾经和我讨论过这个话题。他说他很难理解他的同桌晓文。

晓文渴望的理想工作是每天早上9点准时赶到单位，随后泡一壶茶，看看热搜，刷刷朋友圈。到了中午大家一起去吃饭，然后回来睡个午觉，下午批改文件，还可以抽空出去买菜，然后就是下班回家。晚上守在电视机旁，边吃饭边欣赏综艺节目，结束曲是洗澡睡觉。

对此，我无法做出评价，因为每个人都有选择自己生活的权利。但很显然，我的儿子和我都不希望过这样的人生。如果我们必须要这样活着，我们一定会很痛苦。彼之砒霜，吾之蜜糖，如此而已。

科幻作家刘慈欣曾经发表过一篇小说《朝闻道》，讲述了一个个科学家为了追求真理，不但可以抛家弃子，甚至可以放弃自己的生命，而以生命换来的是一个自己毕生追求宇宙奥秘的答案。他们庄严地走上真理祭坛，得到自己一心向往的答案时，兴奋得不知所措。十分钟后，他们化成了一个个火球，消失在蓝色的天空中。

何为重要，何为不重要，在极端的二选一的情况下更加明了。

真实痛点和伪装痛点

找到痛点很重要。但如果你问别人：你的痛点是什么？很多人却答不上来，因为在有些时候，痛点被伪装了起来，很难被发现。以下就是我们常常遇到的痛点的三种伪装形式。

第一种，看起来没有痛苦，但潜藏危机

当你问一个年轻人的痛点时，他很可能会说，我没有什么痛苦。这也不奇怪，他的人生才刚刚开始，他可能真的没有遇到过什么大的挫折。然而，越是身处顺境之中，我们越是要鼓励他去思考人生。如果生活的画卷都在朝着他愿景的方向展开，那就祝福他吧。但是，相信我，一个人不可能一辈子都一帆风顺。因为一帆风顺的表象背后往往隐藏着痛点。

比如从前环境优渥，生活安逸，工作也没有什么挑战，就像一直行驶在一个风平浪静的河道里，可是一旦对面驶来了一艘大船，你是否准备好应对而不至于迎头相撞？或者，一旦你驶向大江大海，你的小船能否抵御风浪的侵袭？

或是因为前面有人替你披荆斩棘、鸣锣开道，所以你一直过着养尊处优、闲适安逸的生活，但是一旦失去庇护，你还能一如既往地一帆风顺吗？除了抱怨生活不公、抗议示威，你能否自己动手，丰衣足食？

或是没有看到前方的危险，正如乘坐"泰坦尼克号"这艘被誉为永不沉没的航船，因为忽视了船体致命的缺陷，因此当灾难降临时，一切为时已晚。

还有如电影《楚门的世界》中描述的那样，假如你生活在一个虚假的或者信息不完整的世界中。有一天，当你发现真相的时候，你是否有勇气接受这个残酷的现实？

发现痛点需要我们未雨绸缪，具备危机意识，要求我们必须走出舒适区，挑战自己的固有思维习惯。尽可能早，甚至主动去接触一些痛苦，以锻炼自己对抗痛苦的能力。这样，当痛苦真正来临的时候，你才不会惊慌失措，找不到方向。

第二种，替代性假象

有一个朋友曾经找到我，说他出现了耳鸣，有时眼睛也看不见。这当然是显性而重要的痛苦。所以我建议他立即去医院检查，但是查完后医生却告诉他，他的身体一切正常。然而，在此后相当长的一段时间，他还是不时地被耳鸣和偶尔失明所困扰。

据他回忆，他开始在脑海中搜索可以求助的人员名单，之后我的名字就第一个跳了出来。他预定了一间雅致的餐厅，我们一起聊了三个小时，整个谈话过程中他并没有耳鸣，也没有出现失明状态。最后他得出的结论是，也许是自己太"作"了吧。

而据我观察，他的情况可能是工作压力过大造成的。但是作为公司的负责人，作为家里的主心骨，他无法逃避，必须把一切重担都扛在肩上。他也曾想过退却或者休息一下，然而他认为这是懦弱和不负责任的表现。每当这种自责的声音在耳边响起，他便压力倍增，只能选择把耳朵捂起来，装作什么也听不见；或者把头埋在文件堆里，装作什么也看不见，如同鸵鸟一样。日积月累，这种心理压力在生理上的表现就是耳鸣以及间歇性的失明。

他承认我的判断是正确的，然后我们便开始讨论如何解压的问题。因为职责所在，压力自然是难以避免的，我们每个人都无处可逃。其实，对待压力最好的办法就是接纳它、化解它。如同太极一般，要顺势而为。太极拳是一门最讲求借力的艺术，借力打力、引进落空是太极拳的本质特点。要掌握"四两拨千斤"的巧妙技艺，就要懂得身法轻灵之理，以意运气、以意打人，久之则身法合一。

另外，我建议他使用森田疗法，这是日本东京慈惠会医科大学森田正马教授用于神经症治疗的一种特殊疗法。与其说它是一种疗法，我更愿意将其视为一种人生哲学。简单来说，这种疗法就是让患者该做什么就做什么，不要被这些症状所裹挟、控制。我进一步解释道，这就相当于一个人得了普通感冒，但该上班还是要上班。越是宅在家里，所有的注意力都在感冒上，就会越发觉得自己病势沉重，反而无形中给自己增加了心理压力。

谈话结束，他就去上班了，随后还召集了员工们群策群力，讨论如何进一步提升公司的业绩。大家都欣喜地看到，前些天还一脸愁云惨雾的老板，现在一扫阴霾，变得精神抖擞，大家的斗志也被点燃了。他们根据不同客户的具体需求召开了痛点教练会议，最后为每位重要客户都量身定做了行动计划，希望充分利用公司的优势资源帮助客户解决他们关心的问题。全年的大客户计划也就此完成。

两个月后，他告诉我，上半年他已经完成了集团公司交给他的全年销售任务。他的耳鸣和间歇性失明的症状也早就无影无踪了。

他的故事告诉我们：如果小痛点不断地跳出来，那么其背后常常隐藏着一个更大的、真正的痛点。如果不解决背后真正的痛点，那么这些伪装的小痛点就会不时地跳出来干扰我们的生活。

第三种，简单问题而非痛点问题

能够一次性解决的问题称为简单问题。比如凳子坏了，修好就可以了。筷子掉在地上了，换一双就可以了。饭菜夹生，煮熟就可以了。类似简单的问题无须深入分析，直接解决就可以。而且只要彻底解决了，问题也就不存在了。

痛点问题则完全不同，它往往牵涉到各种因素。例如个人、集体、组织往往是多方利益纠缠在一起的，甚至会有两种或多种力量同时相互作用并且长期共存。这些问题用现有的解决方案往往无济于事，这时候我们首先要找到真正的痛点，进行深入分析，然后对症下药，采取行动。本书中所提及的痛点问题都不是可以一次性解决的简单问题，而是充满了复杂性和挑战性，需要付出大量的努力才可以解决的问题。

痛点四诊法

痛点需要我们用心去体会，去发现。尽管其有着层层伪装，但是只要我们用心，还是可以顺利找到痛点的。为了帮助大家找到真正的痛点，我们先一起来回答下面四个问题（我称之为"痛点四诊法"）。

（1）你的痛点是什么？

（2）解决这个痛点对你来说是否重要？（和其他事情相比较，其重要性排在第几位？）

（3）你为什么认为它很重要？

（4）你愿意为此付出什么？

为了对上述问题有一个更直观的认识，首先我们来看一个案例。我的同事李元胜准备离职，他提交的离职报告显示，他的离职原因是薪资增幅太低。为此，我作为教练和他进行了一次"离职访谈"。

我：是什么原因导致你产生了离职的念头？

李元胜：加薪幅度过低。

我：这件事对你很重要吗？

李元胜：很重要。

我：和其他事情比起来，它的重要性排在第几位？

李元胜：第一位。

我：为什么加薪幅度对你来讲如此重要？多加一点对你的决定影响有多大？维持原来的加薪幅度又会有什么后果呢？

李元胜：加薪直接关系到我家人的幸福。薪水高一点，我就可以让家人住上大房子，可以去旅行，享用美食。如果仍旧维持原来的加薪幅度，那我不知道什么时候才能住上大房子，每年的旅行也都是精打细算，去餐厅也要精挑细选，不敢超支。更重要的一点是，如果我的薪水高一点，家人也就不会因为我总是加班而责备我了。

我：我很理解。如果今年的工资比你预期的要多，加薪幅度从去年的5%变为10%，即使你需要为此付出更多，那么你觉得对家人的生活会有多大改变？

李元胜：应该会有一些吧。不过说实话，如果在加薪和陪伴家人两者中进行选择的话，如果不能大幅度加薪，那我就会选择拥有更多的时间陪伴家人。

他很诚实。其实，加薪并不是他真正的痛点。对他而言，真正的痛点是他认为付出和回报不匹配，工作和生活无法保持平衡。

随后，我们谈到了公司的未来发展和家庭陪伴时间这两个问题。根据公司未来的发展计划以及他的职业规划和个人优势，他选择申请了公司的业务岗位。和此前主要负责技术支持的岗位相比较，新岗位能够充分发挥他的主观能动性。同时，业务岗的非坐班制，也能较好地满足他陪伴家人的需求。由于该岗位的激励制度比较激进，因此，他便获得了充足的动力，希望通过自己的努力以获得更高的薪水和奖金。很快，他就成为一名优秀的技术销售人员。

他的家人对他调岗后的工作和生活也非常满意。他自己也慢慢发现原来自己最在意的不是高额的奖金，而是和家人在一起。一年后他获得了一个成为公司高管的机会，薪资丰厚，但是出差很多，应酬也多，估计没有什么时间陪伴家人了。他果断放弃了这个机会，因为一个月只能见到可爱的女儿两三次对他来讲是很难接受的。

在陪伴孩子的过程中，他又发现了新的痛点。就是即便他花费整个周末陪在孩子身边，但是陪伴质量却并不高。他常常和女儿发生冲突。有一次女儿竟然说："爸爸，你快去上班吧，我不要你陪。只要奶奶陪我就行了。"

这让他很痛苦。为了做一个称职的父亲，他参加了大量家长培训班，还和公司里已为人父母的同事们一起积极探讨，交流经验，终于和女儿逐渐建立了良好关系。三年后，他选择离开了公司。因为在解决痛点的过程中，他找到了自己的"愿景"。他发现，原来还有许许多多的家长都有类似的痛点。他希望可以将自己的经验分享给他们，为此他建立了一所"家长学校"。如今，他的事业发展得有声有色。

通过上面的案例，我们发现：起初，李元胜的痛点是被隐藏和伪装起来的，但是四诊法可以帮助我们明确他真正的痛点是什么，以及他愿意为此付出多大的代价。

要和痛点做朋友，因为它会陪伴你一生。痛点是让我们成长的机会。 在解决了一个痛点之后，往往新的痛点又会随之而来，我们就在不断解决一个又一个痛点的过程中逐渐成长起来。

下面，我们再举一个大家都很关心的例子。很多人天天都在喊着要减肥，却迟迟没有任何行动，所以很可能这个需求也仅仅是一个伪需求。前文中的小菲在3个月内减重30斤，是因为减重对她而言是一个真需求。以下是我和小菲就减肥问题的四诊法对话。

我：小菲，最近在忙些什么？

小菲：减肥。

我：减肥对你来说很重要吗？和其他事情比起来，它的重要性排在第几位呢？

小菲：很重要。排在第一位。

我：为什么这么重要呢？以前你好像并不在意体重，而且大家都挺喜欢你憨憨的、可爱的样子呢。减肥对你有什么好处呢？不减又有什么关系呢？

小菲：以前我的确不认为体重问题有多重要，但是现在，减肥却对我很重要。这关乎我的幸福，我一辈子的幸福。如果减不下来，我也许就会失去我的幸福。

我：有这么严重吗？发生了什么事情让你产生了这么大的转变？究竟是怎么回事？

小菲：你知道的，我和我的男朋友准备订婚了。我很爱他，我想在婚礼上穿上美丽的婚纱和他一起跨入婚姻的殿堂，可是我的体重……

我：要是你减不下来呢？会怎么样？

小菲：那我肯定穿不上那件我和男朋友预定的婚纱。你知道那天我有多难过吗？那天，我们去婚纱店挑中了一件婚纱，我们都非常喜欢。可是店员瞥了我一眼便说没有我能穿的号码。看着男朋友失望的眼神，那一刻，我的心都碎了！我当时就下决心一定要减肥。我一定要在婚礼那天穿上那件婚纱。我不希望他失望，更不希望失去他。我一定可以做到的。

我：减肥并不容易，你愿意为了减肥放弃以前的生活习惯吗？

小菲：我愿意，现在我已经一个月没有吃任何甜点了。

四诊法的运用并非是非常死板教条的提问，比如，我没有直接问小菲"你的痛点是什么"，而是改为"你最近在忙什么？"其提问形式可以灵活多变，而我们的目的始终是发现痛点，进而想办法解决痛点，让我们的生活云开雾散，重现阳光。

知 （1）痛点有哪些分类？
（2）寻找痛点的四诊法经常提出的问题有哪些？

省 举出一个你迫切希望实现的愿望，思考一下为什么你如此迫切？如果无法实现，你的心理感受如何？

观察生活中人们的痛点是如何解决的，解决痛点之后又得到了哪些回报？

行 试着在与人交流时运用痛点四诊法询问对方关切的问题，并找出其真正的痛点。

明确目标

先来说说目标、指标的含义及它们与痛点的关系。

目标（Goal）指最终到达的目的地，是预期的最终显性结果，是一个明确的终点。在企业中，常常以上市或者扭亏为盈等结果性目标出现。更长远的目标则以战略目标或者愿景的形式加以描述。

指标（Objective），指衡量是否达到目标的标准，可能是阶段性的成果，也可能是预期的行为。指标不一定是一个点，也有可能是一系列的点的组合。指标也不一定是终点，有可能是相关因素的过程衡量和局部指标。在企业中，常常以 KPI（关键绩效指标）或者 OKR（目标与关键成果法）等形式出现。

在第一节中我们已经讲过意义和痛点。

意义（Purpose），指前往目的地或完成目标的原因。目标和指标是客观的、显性的，可明确量化评估的，而意义往往是主观的、非显性的，很难进行准确的量化评估，却是触发人们行动的内在动因。在企业中，我们常常用初心和使命对其进行描述。也有一些公司将愿景和使命结合在一起进行描述。比如，华为的愿景和使命就是"把数字世界带入每个人、每个家庭、每个组织，构建一个万物互联的智能世界"。

痛点（Pain Point），指负面心理感受的来源。痛点和意义可以理解为一个事物的正反两面。在企业中，形形色色的创业故事往往从体会痛点开始讲起。而公司存在的意义或者担负的使命也往往是为解决痛点来服务的。

现在非常流行的行动学习和教练技术普遍采用的是目标驱动式对话，往往从明确目标开始。而针对企业家和高管群体的私董会则普遍采用问题驱动式对话，往往从确定问题开始。**痛点教练**则是从体察和发现痛点出发，明确问题的重要性，并且紧紧围绕经过理性评估的目标、方案、行动和确保成功的支持来展开。它可以看作是上述两种方法的结合。

下面，我们还是用小菲减肥的案例加以说明：

体重减到可以顺利穿上婚纱为止，这是小菲的**目标**。

在婚礼前（假设是 2021 年 5 月 20 日）成功减重到 100 斤，这是一个指标。根据减重教练的指导意见，小菲制订了两个分指标/可衡量的行为，每周健身 5 小时，每天摄入不超过规定数量的热量。**过程指标**是从 2020 年 12 月 1 日起到 2021 年 4 月 30 日止，每月减重 10 斤，最终达成 5 个月减重 50 斤的指标。

小菲减肥的目的不是为了能够顺利穿上婚纱，这只是一个目标，真正的**目的**是希望自己变成婚礼上最美丽的新娘，也希望她的男友知道她是一个愿意为爱而努力的伴侣。

如果减重失败，小菲就会降低自我评价，心生失望，也会担心男友对她的评价降低，会因此不喜欢她甚至离开她，这是她无法接受的**痛点**。因为她的男友对她非常重要。所以，她减重的动机就变得非常强烈。

我们有理由相信，只要使用正确的方法，采取正确的行动，设定合理的目标，小菲的减重目标完全可以实现。明确痛点能够检验目的，促进行动。而解决痛点则能够让我们如释重负，获得幸福。

通过上面的案例，我们了解了痛点的重要性，明确了痛点和目的关系。那么，应该如何解决痛点，则要从设定能够达成的目的指标和目标进行着手。

在这一节中，我们将重点讨论发现痛点后要如何处理，怎样才算是解决了痛点，即完成了目标/指标。因为在工作和生活中它们常常一起出现，在这里我将其合称为目标。

愿望、口号还是目标

确定目标很重要，这是众所周知的。与此同时，明确而量化的目标则有助于我们确认自己的期望。

在日常的生活和工作中，人们往往会提出美好的、模糊的愿望，加上一句响亮的口号。但这些愿望基本无法落地，更谈不上实现了。

我希望成绩好一点，这是一个愿望；我会努力的，这是一句口号。

我们会一直相爱，这是一个愿望；我会一直爱你，这是一句口号。

成为一家有社会责任感的公司，这是一个愿望；我们要打造一个负责任的公司，这是一句口号。

至于如何将愿望变成现实，如何将口号变成承诺，进而将承诺变成行动，则需要我们设定一个合适的目标。只有这样，你才能真正确定怎样才算成功。同时，我们必须明确，只有可衡量的才是可管理的，如表 2-4 所示。

表 2-4 愿望、口号与目标

愿望	口号	目标
我希望成绩好一点	我会努力的	本学期期末考试成绩达到杭二中录取分数线
我们会一直相爱	我会一生爱你	希望我们一辈子在一起； 每天都为你做早饭； 每天下班接你回家； 每天都说我爱你； 每天都要亲吻和拥抱你； 忠诚于你，绝不发生婚外情； 工资和奖金都交给你 （摘自一位丈夫在婚礼上对妻子的可量化承诺）
成为一家有社会责任感的公司	我们要打造一个负责任的公司	加入国际健康与环境组织并接受其监督； 每年将总销售额的 3% 用于培训；1% 用于安全与健康，10% 用于研发

在工作坊中谈到目标的时候，我总是会先展示一页阿拉伯数字，请大家默数 5 秒，然后隐去此页，请大家说出有几个 "2"，对此大家往往会一脸茫然。第二次，当我再次展示这一页，请大家默数 5 秒，然后再次隐去此页，这时大家通常都能给出准确的答案。

人们在没有明确目标的时候，其行为往往没有方向，其间所花费的时间同样难以计数，要说虚度光阴也不为过。

与此相对的，当你清楚地知道自己的目标时，你会惊喜地发现《秘密》一书中的"吸引力法则"更容易成为现实：当你渴望得到某些东西的时候，它就会出现在你的面前。这时，你对大脑发出了指令：为了实现目标，出发！大脑随即接受指令，立即开始搜索达到目标所需的相关信息和资源。

所以，当你目标明确的时候，其他和目标无关的信息会被自动屏蔽，这也帮助你剔除了大量无效信息，效能亦由此提升。

目标的意义

苏联著名作家奥斯特洛夫斯基在《钢铁是怎样炼成的》一书中写有这样一段话。人最宝贵的东西是生命，生命对于每个人来说只有一次。人的一生应该是这样度过的：当他回首往事的时候，他不会因为虚度年华而悔恨，也不会因为碌碌无为而羞耻。这样，在临死的时候，他就能够说："我的整个生命和全部精力，都已经献给世界上最壮丽的事业——为人类的解放而斗争。"

在书中，主人公保尔·柯察金的人生目标是他为之奋斗终生的伟大的革命事业，他的一生甚至爱情也与此紧紧地联系在一起。保尔·柯察金曾说过，所有有所成就的人都是目标明确的。而周恩来总理就是这样一位从小就志向高远的伟人。

为中华之崛起而读书

"为中华之崛起而读书"，这一句激励了无数中华儿女为了革命事业前赴后继的励志名言，是1911年时年仅14岁的周恩来在回答老师提问时说出的答案。幼年及童年时期的家庭变故使得周恩来比同龄人更早地成熟。10岁时的周恩来已经"佐理家务，井然有序"。养母曾给他讲述关天培抗英为国捐躯的故事，让少年周恩来对这位民族英雄产生了深深的崇敬之情。在东北求学期间，周恩来随同学到奉天南郊魏家楼小住，在参观日俄战争遗址时，听当地的老人讲起日俄战争的经过以及中国人民经受的种种苦难，让他深刻地理解了落后就要挨打，甚至要国破家亡的道理。过往的种种苦难，使他幼小的心灵中早已萌生了推动为中华崛起、解救人民于水火之中的豪情壮志。

周恩来从小立志"为中华之崛起而读书"，在南开大学毕业时与同学们互赠留言"愿相会于中华腾飞世界时"，之后到日本留学，随即又回国参加五四运动，再到欧洲勤工俭学直至回国投身革命……他的一生都在为中华之崛起而奋斗。少年即定下初心，之后为之奋斗终生，周恩来这种坚定的理想信念和执着的人生追求永远是我们学习的典范。

弃医从文

鲁迅先生的人生目标原本是希望通过学医拯救国人，但一场电影改变了他的人生轨迹。在电影中，鲁迅看到众多体格健壮而神情麻木的中国人，淡然地围观被当作俄国侦探处死的同胞。对此，鲁迅的心灵受到极大的冲击。这时他终于认识到，精神的麻木不仁比身体的虚弱不堪更加严重。于是他毅然弃医从文，离开仙台回到东京，开始积极翻译外国文学作品，筹办文学杂志，发表各类文章，致力于文学事业。当时，他与朋友们讨论最多的是关于中国国民性的问题：何为理想的人性？中国国民性中最缺乏的是什么？其根源何在？通过痛苦的思考，鲁迅逐渐把自己的人生目标同整个中华民族的命运紧紧地联系在一起，由此也奠定了一代伟大的文学家和思想家的思想基础。

其实，目标模糊的人总是在为目标明确的人服务的。 目标明确的人清楚地知道自己要去哪里，随后便会想方设法获取各种资源。而目标模糊的人则常常容易被各种外在因素所干扰，时间在不知不觉间已消耗殆尽。随着时间流逝，我们也许已经忘记了对自己来说哪些才是最重要的事情。

每个人的生命都是有限的。在有限的生命里，选择对我们来说最重要的事情，并且为之付出足够的时间和资源去实现它，人生便了无遗憾。前提是，对你而言，什么才是最重要的事情呢？

在工作和生活中，人们往往将大量时间花费在制定目标上，然而，对我们而言，如果它和我们的痛点，和我们的人生目标没有关系，便对我们毫无意义。对我们而言，确定一个目标的优劣最重要的标准，便是它是否符合我们的人生价值观，是否能够消除或减缓我们的痛苦，让我们变得更加幸福。

因此，对于好的目标我设定了三个标准。

1. 该目标是否足够重要？

如果目标无法实现，你是否会感到痛苦，这是检验目标是否重要的依据。

该目标是否和你的愿景或者心灵深处的痛点有联系？也就是说，你是否认同该目标对于你的重要性？

比如，在生活中，做一个好妈妈是我的重要人生目标。如果无法实现这个目标，我就会觉得自己很失败，这就成了我的痛点。

同时，在工作中，做一个好领导是我的重要工作目标。如果无法实现这个目标，我也会觉得自己很失败，这也会成为我的痛点。

2. 该目标是否足够清晰？

目标完成后的场景是否可以变成一幅清晰的画面浮现在你的脑海中？它是否可量化、可评估、无歧义？是否能让你印象深刻？

评选好妈妈可以有很多种标准，比如照顾孩子的生活起居，擅长制作美食，给予孩子各种建议，为孩子提供优渥的生活，培养孩子高尚的情操等。每个人对好妈妈的评价标准均有所不同，需要母子双方共同确认，不然很可能会演变成只有"妈妈觉得好"。

在工作中，评选好领导也有不同的标准。有人认为作为一个好领导主要是可以让下属开开心心地上班，也有人认为一个好领导必须能够让下属兢兢业业，为了公司无私奉献。因此，敬业度调查可能是其中的一种衡量标准，人均效能也可能是其中的一个衡量标准，而人物画像也可以作为一个描述性的标准。在企业中，要甄选和晋升一个领导，恐怕先要有一个大家公认的领导力衡量标准。

3. 该目标是否可影响？

可影响指可控和可预测的，即使目标充满挑战，也可以通过不断努力，通过有效的方法去完成。然而，如果该目标违背自然规律或社会规则，便属于不可影响的目标。比如天上掉馅饼或者每天捡到一只撞死在树桩上的野兔，便是无法影响的目标。

在生活中，和自己的另一半同生共死几乎是无法影响的，但每天说一句感恩的话则是可影响的。

在工作中，国家税收政策显然是无法影响的，但努力提升企业的竞争力和利润率则是可影响的。

如何将痛点转化为清晰可见和可影响的目标

痛点往往是隐性的，而目标则是清晰的、可达成的。如何将痛点转化为目标，在下文中我列举了四种方法以供借鉴。

按照重要性排序

我们需要将痛点依次排序，才能意识到哪些对我们是最重要的。

著名作家、心理医生毕淑敏曾经讲述过一则心理实验，试验者需要依次列出最重要的五件事物，然后按照重要程度逐一划掉，直到留下最后一个。

对于可以轻易获得的东西，人们往往视而不见，比如空气、水、睡眠、食物等。但若有一天我们真切地经历了窒息、缺水、失眠、饥饿等痛苦的折磨，才会深刻地体会到它们对于我们的重要性。

寻找我们的人生目标固然不必谈及洁净的水和空气等，却仍然可以促使我们思考一下，自己作为拥有全人思维（身心灵脑）的新一代人类所应有的生活，哪些对我们是至关重要的事物，比如健康的身体、亲情、友情、有意义的人生、知识的更新等。

找到学习的标杆

我们需要参照行业内的标杆，才能知道何为优秀的模样。

太阳底下没有新鲜事，很多前人早已帮我们拟好标准。找到那些可以对你产生积极影响的人物，列举一些你最欣赏他们身上的品质。仅仅这一个步骤，你就会发现自己不知不觉已经受到了他们的熏染，哪怕他们早已不在世间。比如我特别欣赏苏格拉底。他常说的一句话是：我唯一知道的就是我一无所知。他的母亲是一名助产士，而他给自己设定的目标也是通过提问的方式将对方肚子里的知识挖掘出来。我觉得这体现了一种谦逊而又智慧的品质。因为深表赞同，所以我也时常有意识地去学习这种品质。

发现自己的优势

我们只有发现了自己的优势，才能更好地发挥自身的潜能。

在此，我借鉴了马库斯·白金汉（Marcus Buckingham）的《现在，发现你的优势》一书中帮助读者发现自身优势的四个方法：容易成功、自动自发、投入成长、满足需求。

当你从事自己擅长的工作时，你自然会心情愉快，充满自信。而且在本能的驱使下，你会不断完善工作流程，改善运行机制，争取下一次做得更好。最重要的是，你在内心深处会认为这是有价值的，有意义的。

描述人生愿景

我们只有确定了自己的人生愿景，才能知道我们前进的方向。

我们首先要找到一个安静的环境，然后试着认真思考一下，在你认为最重要的人的心目中，自己是一个什么样的形象。

我记得在一次培训课上，有一位同学曾这样描述了她的人生愿景：我希望成为一个孝顺的女儿，可以每周和父母吃一顿饭，或者至少进行一次视频；我希望成为孩子的榜样，激励他们努力学习和工作；我希望拥有三五好友，在他们的心中，我是一位善良、仗义的挚友，可以一起相伴到老；我希望成为一个优秀的领导者，带着团队成员每年都能够超额完成业绩。

她说自己以前都是按照别人的要求活着。当她终于有机会说出自己想要拥有什么样的生活时，她感受到了从未有过的笃定和轻松。

目标可以是终极目标，也可以包含过程目标

记得施瓦辛格当上加利福尼亚州州长之后，有人询问他是如何一步步实现人生梦想的。他回答说，在十四岁的时候他就曾告诉自己，他的梦想是竞选美国总统。可是，从政对于像他这样没有任何政治根基、家庭背景、经济基础，甚至没有什么特殊才华的普通人来说简直是痴人说梦。但施瓦辛格没有放弃，而是为自己设计了一条以终为始的人生路径。

在美国，从政需要大量资金或政治家族的支持。对他而言，更快捷的方案是获得政治家族的支持。而要想获得政治家族的支持，最好的方式是联姻，因此他选择了与美国前总统约翰·肯尼迪的外甥女玛利亚·施莱弗结婚。可这并非易事，要与这样显赫的政治家族联姻，名与利缺一不可，所以他再次做出选择：进入娱乐圈。要顺利进军娱乐圈，则需要拥有异于常人的个人素质。他知道，自己唯一可以利用和发展的资源就是自己的身体。于是，他拼命练习健美，参加各种健美比赛，经过不懈的努力，最终赢得了"奥林匹亚先生"的称号。

这就是施瓦辛格的人生之路。在幼时梦想的激励下，他一步步实现了自己的人生目标，投资自己，获得荣誉，进入娱乐圈，进而名利双收，收获婚姻，最终顺利进入政坛，向着自己的终极梦想稳步迈进。

知　你的目标是什么？什么是好的目标？好的目标的评价标准是什么？

省　观察一下你身边的人确定了哪些目标，他们又是如何实现的？

行　你现在的人生目标和职业目标分别是什么？它们是否是好的目标？请试着用书中的方法确定下一个好的目标。

评估分析

我在通信技术公司任职的时候,公司为我安排了一位德国籍的导师。他是公司全球战略规划负责人。有一次,我请教他什么是战略?他什么也没说,而是推荐我先看一本书:《孙子兵法》。

"夫未战而庙算胜者,得算多也,未战而庙算不胜者,得算少也。多算胜,少算不胜,而况于无算乎!吾以此观之,胜负见矣。"《孙子兵法》在第一篇中便极为深刻地道出了"算"的重要性。对此,我印象极为深刻。

同样的,古代著名的军事家诸葛亮也曾观天象,推地理,对天下形势进行了深入透彻的分析。那时候还没有大数据,都是依靠硬核的知识积累作为推算的基础的。

在我们这个信息爆炸的时代,大数据、人工智能、物联网、无人驾驶等技术,无一不是建立在大量的数据分析的基础之上的。

分析,就是将研究对象的整体分为各个部分,并分别加以考察的一种认知活动。分析的最大意义在于通过认识不同的事物或现象之间的区别与联系,寻找能够解决问题的主线,进而解决问题。

如果只是设定了目标,现状仍然不会有任何变化。这就像在导航地图中仅输入上海中环广场这一目的地,而未注明我现在的位置,也未输入计划采用何种交通工具,选择哪条路线,因此我们还是在原地踏步,没有任何进展。只有注明目的地和当前位置,导航地图才能帮助我们进行大量的分析,帮我们选择最便捷的路线和交通方式,让我们的出行变得轻松而愉快。

痛点教练的第三个步骤便是评估分析。 在了解了我们的痛点,并且明确了我们渴望实现的目标之后,下一步我们就要进行评估和分析了。

评估(Assessment),指计算现状和目标之间的差距。

分析(Analysis),指分析差距形成的原因、实现目标的阻碍、外部的风险以及弥补差距需要的支持和资源等。

在这里,评估被当作了分析的一部分,因此我将其合称为分析。

在痛点教练模型中,我们常用的两个分析方法是差距分析和资源分析。

差距分析

我们继续使用上文提及的导航地图来举例。首先,我们设定了当前位置和目的地,大数据随即开始帮我们展开分析,规划最优路线。在给出路线方案前,大数据首先会进行差距分析,即分析当前位置和目的地之间的距离。这是进行差距分析的第一步。

我们要想到达目标,首先需要知道自己现在离目标有多大差距。在现实生活中,差距分析有时会影响我们的情绪。当我们发现自己距离目标差距过大的时候,可能会产生危机感;当我们发现自己距离目标差距很小的时候,也会产生胜利在望的喜悦感。但是,假如我们忽略或者进行了错误的差距分析,便极有可能会陷入迷茫,难以抉择,产生焦虑。

资源分析

资源可以分为外部资源和内部资源。 外部资源涵盖了组织外部的所有可利用的资源和机会，包括供应商和客户等供应链，行业生态圈，新兴技术乃至国际形势的变化等。内部资源指组织内部的相对优势，包括组织能力、业务能力和财务能力等。

资源是一种动态发展的概念，总是处于不断地发展变化之中。 有时候某些资源看起来是负面的，比如行业间的竞争，但是它除了会带来优胜劣汰的压力之外，同时有效地推动了行业的进步，进而促进了企业的持续发展。有时候某些资源看起来是组织内部的弱项和短板，可是一旦获得提升或者找到可以互补的资源，原来的弱项和短板也能瞬间转换成强项和优势。

大数据是互联网时代的重要资源。导航地图能够为我们提供不同的出行方案，就是依靠数据后台在幕后默默地提供大数据支撑。比如不同时段、不同交通工具出行所需要的时间记录，公共交通的始发和停发时间，附近共享单车的位置，外地牌照的车辆在哪些线路行驶会受到限制等，都是数据分析的重要资源。

在《孙子兵法》中，"道、天、地、将、法"都是可以利用的资源。道者，令民与上同意也，可与之死，可与之生，而不危也；天者，阴阳、寒暑、时制也；地者，远近、险易、广狭、死生也；将者，智、信、仁、勇、严也；法者，曲制、官道、主用也。

而在企业中，外部形势、企业品牌、价值取向、公司实力、人才储备、运营能力等，都是需要我们认真加以分析评估的资源。

找到适合自身的分析方法

我们知道,每一种导航地图的后台数据分析都使用了一套特定的算法。同样的道理,企业要解决自身存在的特定问题,也需要找到一套适合自身情况的独特的分析方法。通常,我们会通过一种或几种模型的不同排列组合,生成一套合适的分析方法。

比如非常经典的SWOT分析法(优势、劣势、机会、威胁),便适用于多种场景。因为优势、劣势、机会和威胁都是处于动态变化之中的,因此需要不断地更新迭代。我们在开企业更新战略的会议中有时会用到该模型。在实际使用的时候,我总是先从外部机会和威胁开始讲起,因为机会和威胁是经营思维,也是趋势的一部分。对此,你很难施加影响,但可以利用或规避。然后才会分析优势和弱势,因为优势和劣势属于管理范畴,是效率的一种体现,是你可以施加影响,并加以预测的。

优秀的分析工具比比皆是,根据不同的场景我们可以按需选用不同的分析工具。比如产品开发,利润模式、变革管理、品质管理、组织效能等,都有专门的分析工具。

我常用的一个组织效能分析法,也称为服务价值链分析法,可以分析从客户到员工之间的价值链上的每个环节,从而推导出企业中的每个节点如何通过为客户创造价值,进而创建高效无缝的跨部门团队合作解决方案。

我还开发了一套"团队宪章"分析工具,从一个组织的外部、内部、过程和结果四个维度,对该组织的愿景、战略、文化、客户和相关系统进行全面深入的分析,从而找到提升组织效能的解决方案。

在品质管理领域，我尤为推崇 8D 问题解决法。它不仅仅对品质提升颇有帮助，对于产品的研发和管理也很有借鉴意义。

其实，针对不同的使用场景，不管是经营还是管理，不管是职业生涯还是生活健康，都有无数种分析工具可以利用。分析工具就如同体检报告，可以帮助我们明确现实与目标之间的差距，以及差距产生的原因和症结所在，分析工具同时能够帮助我们分析现在有多少资源可以利用，未来需要从外部引入哪些资源。

知	什么是差距分析和资源分析？
省	你还知道哪些有关分析的工具和方法？它们分别适用于哪些场景？
行	试着对自己的目标进行差距分析和资源分析。

甄选方案

当我们发现了痛点，明确了目标，并且完成了分析之后，如果这时候还没有形成一套完整的可行性方案，那么结果仍然是什么也不会发生。

仍以上文中的导航地图为例。如果你计划自己开车去北京故宫，你的痛点明确，目标明确，导航系统收集了大量信息，分析了大量数据，最后告诉你，我们正在做分析，暂时无法给出路线建议。这时候你会怎么做？你一定会果断卸载这个导航软件！因为你不需要一个只知道分析，却无法给出解决方案的导航软件。接下来，你也许会找人问路，或者打开地图自己查询，或者干脆换一个导航软件。总之，最终的目的是要找出一条通往目的地的路线，也就是你需要一个可行性方案。

痛点教练的第四步就是甄选方案。

在形成方案前，我们通常首先会收集建议（Idea），一般是意见或者方法，它们可能来自于灵光一现的想法，亦可能是经验的萃取。

解决方案（Proposal），往往来自各种建议或者意见的组合。经过进一步分析和筛选形成切实可行，最终可以达成预期目标的方案。

在这一节中，我将建议和解决方案合称为方案。

下面的情形我们可能并不陌生。

一群人正在茶水间抱怨公司的调薪幅度太低，新来的领导不了解公司，公司设定的指标难以完成，以及公司的规章制度不够人性化……其实，所有人都知道这样的抱怨毫无意义，因为抱怨之后什么都不会发生。与此同时，还有一些人则在积极发表意见，不断地输出各种观点和建议。但结果同样是什么也没有发生。

因为，**如果没有形成一套完整的可行性解决方案，那么观点仍只是观点，建议也只能是建议而已。**

事实上，抱怨、点评、输出观点总是相对容易的，然而，要在各种错综复杂的因素中平衡各种关系，整合所需的资源，坚定不移地向着预定目标迈进，就必须考虑周全，必须提出合适的解决方案。否则，问题是不会自己消失的。

总有一个好的建议

建议是廉价的，建议也是昂贵的。

建议是廉价的，指的是它唾手可得，却效用不佳。还记得我们在上文中曾经提及的一个故事吗？一群老鼠正在讨论如何防范家猫的侵害，它们想出了一个绝妙的主意：给家猫戴上一个铃铛。这样一旦家猫靠近，老鼠们就能立刻得到警报，便可以及时撤离，保全性命了。可是，由谁去给家猫戴上铃铛呢？

建议是廉价的，如果它无人问津。冬虫夏草的药用价值在没有被发现之前，最初大概是牦牛和其他动物的食物罢了。燕窝若没有人食用，就只不过是一种动物的唾液而已，其廉价程度甚至与垃圾无异。

建议也是昂贵的。如果一个建议并不适用却被错误地采纳了，其造成的浪费也是惊人的。大量公司每天都让全体员工陷入低效乃至无效的忙碌之中，却不愿意多花点时间进行战略规划，结果员工的日常工作很多只是在做无用功。我将其称之为：以战术上的勤奋来掩盖战略上的懒惰。

我要强调的是，一个好的建议是值得一个好价钱的。有一个流传很广的故事是这样说的：一天，一家工厂的机器坏了，可是公司的人都不会修理。然而这台机器对于他们的生产十分重要，没办法，他们只好从外面花大价钱请了一位专家来修。专家绕着机器走了两圈，仔细观察一番之后，抄起锤子，轻轻敲打了一下，故障便顺利排除了。老板觉得自己花了冤枉钱。专家回答说，我刚刚敲的一锤只收1美元，但我知道在哪里敲一锤价值99美元。

怎样才能得到好的建议呢？通常在没有得到一个最佳建议之前，我们并不知道哪些才是好的建议。好的建议就像钻石或黄金，有时候它们就隐藏在一堆岩石或沙子里。因此，我们要收集尽可能多的建议，就如同在荒野中探索一样，这样才能得到我们想要的宝藏。

那么，什么才是好的建议呢？我想，那些闪闪发光的、充满实用价值的、可以应用在各种方案中的建议，大概就是好的建议吧。

有了好的建议，还需要将其变成方案。

什么是好的方案

好的方案的标志是能够解决问题。

之所以读了很多书却依然过不好这一生，是因为很多人是思想的巨人，行动的矮子，而现实生活却需要我们不断地解决层出不穷的问题。早在2013年，芬兰赫尔辛基市教育局便开始尝试现象教学法，颠覆分科教授数学、物理、化学等科目的方法，而改为问题解决导向的教学方式。该市有的学校，给小学二年级的一个学习任务是这样设计的：

给附近的动物园园长写一封信，希望增加一种动物园里没有的动物，并让园长相信，引进这种动物后，游客会大量增加。

好的方案必须能够落地。且不说完成这些方案需要大量的知识，最关键的问题是如何说服动物园园长，从而证明该方案是可以解决园长面临的实际问题，进而为动物园创造价值。

那些"我轻轻地来，不带走一片云彩"的愿景，只能是诗和远方，绝不可能是可以付诸实施的方案。可惜，有的人的方案写得要么像诗歌般虚幻，要么如八股文般僵化生硬，要么如议论文般空讲大道理，却偏偏无法解决任何问题，只能是徒增烦恼。

好的方案是有时间节点的。

如果导航地图只显示方向，却不告诉我们何时到达，那么我们很可能会陷入焦虑之中。可以想象一个场景，路口的红绿灯没有倒计时，我们无助地在那里等候，也许时间刚过去10秒你可能就开始焦虑了。如果一个有读秒显示的红绿灯，因为有倒计时，我们可以清楚地知道绿灯将在何时开启，所以也就不会焦虑。

为什么焦虑会消失？因为一切尽在掌握。这种控制感让我们有更多的时间来安排工作，管理风险。

好的方案是以最少的资源获得最大的收益。

我常常看到某些方案非常高端大气，不管是PPT还是计划书，均排版漂亮，画面精美，里面的内容更是丰富翔实，显得十分专业。故事也非常宏大，引人入胜。在前几年互联网泡沫泛滥的时候，许多靠讲故事吸引投资的企业的确成功地获得了巨额资金支持。但是凡是能够坚持下来的，都是一些真正创造出了价值的企业，也就是投资回报率相对较高的企业。

如今，更多的公司开始倡导一个理念，叫作"用更少做更多"。有的公司更极端一些，称为"不花钱办好事"。还有的公司推崇的理念是，"既要质量优秀还要成本低廉"。这些理念运用常规思维一般很难实现，必须脑洞大开，升维思维方式才行。

我在为一家民营企业提供服务的时候，曾经完成了一个以少量资源获取更多成果的案例。

这是一家上市公司，主营业务是建筑材料和建筑服务，共有6000名员工。董事长希望在内蒙古开设一家分公司，但眼看快到年底了，招工非常困难。内蒙古分公司需要200名员工，以便能够赶在冬季到来前把基础工程做完。不然寒冬降临，地面封冻就无法施工了，工期就会拖延下去。北方的冬季漫长，几个月的时间工人们无事可做，人员流失会很严重。如果先把基础工程做完，之后的室内施工不受气候的影响，可以大大降低成本，提高工作效率。

痛点明确了，目标也有了，要在1个月内招到200名工人，在冬季来临前抢先完成基础工程。接下来我们进行了深入分析。首先是差距分析。目前公司在内蒙古一名员工都没有，需要快速招工。其次是资源分析。我询问董事长，目前有多少招聘费用可以使用？如果按每人每年10万元的薪资，招200人就需要2000万元。然而董事长却回答他手中没有预算。

面对这种极端艰难的境况，我只有两个选择：一、选择放弃；二、想办法完成不用花钱却能够填补200个岗位的任务。我选择了第二项。

从公司外部招聘必须花费巨额资金，我只能放弃。我转而瞄准了内部招聘。可是公司现有的工作又不能受到影响，怎么办呢？只好选择挖潜。首先我制作了一份工作量分析表，从我分管的人力资源部门开始做起。做完工作量化分析表后，我猛然发现自己以前为什么那么忙碌了，原来我在培养下属方面投入的精力明显不够，所以无法充分授权下级执行任务，只能凡事亲力亲为。我还发现，由于招聘压力大，降低招聘标准之后，使新员工的培养成本很高，而且能力天花板较低。相反，高潜力的团队成员一般酷爱学习，稍加培养便能够独当一面。我迅速取消了部门招聘预算，花更多时间培养高潜力的团队成员，对现有团队重新做了工作和职责分配，大大增加了团队效能。

接着，我们针对财务部门进行了深入分析。财务部门比人力资源部门更加忙碌。但是当我们检查财务主管的日常主要工作事项时，却发现她将大部分时间都花费在制作报表和检查报表上。她每个月要做10张报表，但董事长和财务经理却只需要看其中的两张报表。另外8张报表有什么用呢，她无法回答。事实上，根本没人需要那8张报表。只是因为几年前领导要求制作10张报表，随后，这就成了一种习惯做法，而完全没有人考虑过制作这些报表的意义。这是典型的内部资源浪费现象。

完成职能部门的优化后，我们又开始了生产和工程部门的效能优化分析。这是两个庞大的部门，共有4000名员工。很快，我们发现在内部资源利用方面，两大部门都有许多提升的空间，如重复劳动、冗长流程、不同车间的资源不能融通等，我们发现要腾出200个岗位的冗余劳动力是件很轻松的事。最后，我们顺利得到了250名冗余劳动力，在把部分绩效不良的员工淘汰之后，优先考虑家乡在北方希望回家的员工。就这样，我们成功地在一个月以内零费用填补了200个岗位的空白，缩短了半年的工期，为企业减少了至少每年2000万元的人工成本，极大地缩短了建筑周期和资金周转率。

谈到资源，除了关注外部资源，一定不要忘记首先从内部资源，从现有资源的优化开始着手。

那么，如何获得好的方案呢？

获得方案的途径，通常来说有以下三种（或者三种途径的结合）。

第一种是**依靠一己之力**。一个极具才华、富有洞见，并且已经充分了解了实际情况的人，往往能够独立提出最优秀的方案。

第二种是**依靠群策群力**。俗话说，三个臭皮匠顶个诸葛亮。但这话我并不完全认同，因为他们的认知水平可能永远都无法提升到诸葛亮的高度。然而，群策群力这个方法本身却非常有意义。

第三种是**借助现代工具**，比如大数据和人工智能。这是信息时代一种全新的方式，以后会越来越多。其中，导航地图就是一个典型的例子。淘宝搜索、新闻头条、投资建议等，无一不是基于需求端或者产品端给出解决方案的算法。

通过痛点教练模型提炼的解决方案，通常会在众多建议中提炼出1~3个方案。其标准便是该方案是否有助于达成预期的目标。提供多个方案的目的是给予对方更多的选择机会。如果只能提供一个方案，那么通常也会在方案中包含一些选项。

方案的格式通常是：

（1）背景（说明痛点和需求背景）

（2）目标（该方案具体解决哪些问题，衡量方案成功与否的标准是什么）

（3）分析（现状和目标的差异，可能遭遇的挑战和机遇，所需的资源）

（4）方案（解决方案、行动计划表、具体执行人、资源梳理表）

使用痛点教练模型的目的是最终解决问题，因此方案的作用是确认问题并找到问题的解决方案。提出方案的目的，要么是向客户展示解决问题的预期结果和实现路径，要么是向决策者寻求资源和支持。因此向客户和决策者提供足够的、精确的信息，帮助其快速而准确地做出决策是一件十分重要的事情。

如果我们提供了多个方案，则每个方案必须各有特色，通常我们要对其做一个对比和总结，说明每个方案的优点和可能面临的风险。最后由决策者根据各自的优势和风险值来做出取舍。

与此同时，我们在提出方案时，通常要避免明显的风险和缺陷。那么，这时我们可以尝试"钟摆式"方案。正如钟摆一样，左右两侧都是极端状况，那么中间状态自然比较均衡。比如方案一品质优异但是价格高昂，方案二价格低廉但是品质较差，方案三则品质优秀价格合理。通常来说，人们都会倾向于选择第三种方案。如果有的方案只会强调一个重点，比如效率优先而不计成本，那么我们从一开始就要考虑该方案是否有足够的资源来支撑目标的实现。

ⓘ 知　什么样的方案算是好的方案？怎样才能获得好的方案？

ⓘ 省　观察一个你最近正在执行的方案，思考其是否是一个好的方案。

ⓘ 行　首先确定一个目标，然后提出一个或几个方案，并按照完整的方案格式呈现出来。

促进行动

没有行动,问题不会自己解决;没有行动,也就没有结果。仅有方案而没有人付诸实施,方案也就成了一张废纸,毫无价值。

虽然大家都清楚地知道行动的重要性,但是现实之中仍然有许多人拥有完美计划却没有很好地执行。正如许多公司有着美好的愿景和战略,却因为没有很好地执行而导致失败。

本节要介绍的是痛点教练的第五步:促进行动。

下一步(Next Step),指下一步要采取的行动规划。

行动计划(Action Plan)指将行动规划转变成可落地实施的具体计划。

促进行动就是把下一步的规划变成行动计划。在这一节中我将两者合称为行动。

那么,拥有了完美的方案为什么没有很好地执行呢?其实,有时候是执行人不知道该如何执行。有的人在脑海中完成方案之后,就开始如天马行空般想象或者假设方案会自动完成。然而,方案本身绝不会自动完成,行动本身也绝不会自动发生。只有当执行人主动采取行动之后,方案才有可能付诸实施。所以我们首先要制订行动计划,落实到执行人并付诸实施。

行动计划多种多样,在这里,我来分享三种常用的行动计划的模式。

经典行动计划

经典行动计划几乎可以用于任何场合,如表2-5所示。它包含6个不可或缺的元素:

(1)行动

行动是对完成某个任务的行为描述。

(2)预期结果

一项行动若没有可量化的预期结果,便无法评估。

(3)完成时间

若没有明确完成时间,后续行动便无法跟进。

(4)实施人

若不明确实施人,或者实施人只是注明了某个岗位,则该岗位本身无法做出回应,也不可能承担任何责任。只有明确了实施人,并且确认其唯一性,才可以责任到人。

(5)评估人

评估人也很重要。因为我们必须知道我们所做的一切是有接收方的,通常是客户、决策者,或者其代理人。接收方的满意度对实施者极为重要。

(6)所需支持

所需支持往往是最容易被人们忽视的,这也是我要专门开辟一节讲述它的重要原因。面对复杂的任务,仅凭个人能力越来越难以完成,所以我们需要支持。这些支持可能是物资,可能是金钱,还有可能是个人帮助,也可能是另外一支团队或者一个平台提供的资源。

表 2-5　经典行动计划的样本格式

序号	行动	预期结果	完成时间	实施人	评估人	所需支持
1)						
2)						
3)						

用于复盘反思的 KISS 行动计划

这个模型并非我的原创，而是 2000 年我从一位法籍 CEO 那里学到的，其理论来源已无从考证。他是一位极具浪漫气息的绅士，而且工作非常认真细致。我记得，有一次我们正在谈论第二年的工作规划，他突然说要送给我一个 KISS 模型，我着实吓了一跳。随后他就解释了这个 KISS 并不是指 Keep it simple, stupid（保持简单和直白），而是指四个英文词组首字母的缩写（Keep the good, Improve the right, Start something new, Stop the improper）。

意思是，保持良好的，提升正确的，开始全新的，停止不宜的，如图 2-2 所示。

Keep 保持	Improve 提升
Stop 停止	Start 开始

图 2-2　KISS 模型

那么什么是好的，什么是不好的，其评判标准则取决于它是否有助于预期目标的完成。因此，我对其进行了适当的补充。

K（保持）：保持对实现目标有利的行为。

I（提升）：优化改善对实现目标有直接影响的行为。

S（停止）：停止阻碍目标实现或者对实现目标毫无意义的行为。

S（开始）：开始新的有助于目标实现的行为。

事实上，不仅我的法国同事在使用这个模型，我还惊喜地发现使用 KISS 模型的情况在国内也非常广泛，比如领导就职演说时就常常使用这个模型。他们通常会首先肯定前任领导的成绩，然后表示将继续保持优良传统，接着会提出如何在原来的基础上进一步提升的方案，最后他们将展望未来，开始新的篇章。当然，有时候也会提出一些反对意见，或者停止某些不合时宜的行为。

在某些学习型企业中，他们会将 KISS 模型贯彻到底。有一家知名的互联网公司，当我结束对他们的培训后，他们开始运用 KISS 模型进行复盘。如今，他们已经将该模型当成了所有项目和任务的必备复盘工具。

总之，这个模型应用十分广泛，不仅可以用于学习之后的应用计划、职业发展、接任宣言、工作总结，也可以用于任何想要回顾和展望，复盘和推进的各种场景。

用于绩效提升的行动计划

之所以要单独把这个计划的格式列出来，是因为其实际需求比较大。其实，它只是在经典行动计划前特别增加了目标和现状两个要素，以便让实施者更加明确现状和目标之间的差距，增强对自我的认知，以及可以进行改变的方向。这样可以帮助我们形成目标导向的习惯而非过程导向。后者很容易导致我们一味关注未完成目标的原因，而忽视了实现目标的方法。

当一家公司开始采用下列表格进行绩效回顾会议之后，遇到问题互相推诿的情况就会消失，公司的业绩也会获得成倍增长。

在组织中，当我们需要制作绩效改进计划的时候，以及进行绩效回顾会议时，都可以使用下面这张表格，如表 2-6 所示。

表 2-6　用于绩效提升的行动计划

目标	现状	行动	预期结果	完成时间	实施人	评估人	所需支持

知　（1）经典的行动计划包含哪些要素？
　　（2）KISS 模型指的是什么？
　　（3）用于绩效提升的行动计划强调了什么？

省　观察身边的人是如何制订行动计划的，将表现优异的行动计划模式记录下来。

行　没有行动就没有成果，马上为自己最喜欢的方案制订一个完整的行动计划。

确保支持

"你眼前看到的一滴水,是众多因缘际会的结果。"

多年前在一座山上,我请教一位禅师什么是缘分的时候,禅师用上面的话做出了回答,让我印象极为深刻。要看到眼前的一滴水,需要合适的气候、地理环境、相遇的时机、共同的谈话内容、一致的目光等。以上因素缺一不可。

科威特电信公司前主管萨德·阿尔-巴扎克说,未来不能再以一件新产品或者一项新业务来获取竞争优势了,因为所有人都会效仿。虽然极高的生产力发展水平和丰富的资源让复制新产品或者新服务变得越来越容易,但是在这个世界上要成功复制一个生态共同体却并非是轻而易举的事。

科威特电信公司前主管的一番话,道出了体系和支持的重要性。如今,资源整合、利益相关者、生态链、价值链、生命共同体等概念已经成为大家耳熟能详的词汇了。

要成功完成某个项目,我们通常需要大量的支持,因此也需要大量的资源。但是,我们显然无法得到无穷无尽的资源。因此,我们就有必要从中挑选出最关键的成功要素。也就是说,如果没有获得那些关键资源的支持,项目就不可能取得成功。

下面是痛点教练的第六步：确保支持。

成功要素（Success Factor），是促成成功的关键要素。

支持系统（Supporting System），是为了获得成功所需要的支持。这种支持往往不是单方面的，而是互相作用、互相影响的一套系统。

在此，我将两者合并称为支持。

在确保取得成功的诸多要素中，人们通常会将资金、技术、人才等列入其中。但是，我选择再加上一项——客户需求。

痛点教练的第一步就是发现痛点。能够帮助个人或组织解决其痛点，是我们的最终目的，而发现痛点则是最重要的成功要素。

在我们制订行动计划的时候，确认需求，并得到需求提出者的支持，是非常重要的。我们做的每一件事情，到底是为了什么？是在维护谁的利益？利益相关者是否支持呢？

如果是对个人有益，那就是利己的痛点；如果是对社会有益，那就是利他的痛点。如果是对客户有益，那可能会是一个市场机会。如果多方受益，那就是合作共赢，生态共生。

比如小米在开始做手机时，就不断邀请使用者参与设计研发。当客户能够充分参与其中，一些之前没有被发现的需求就有可能浮出水面，并成为客户的现实需求。

取得成功的诸多要素中，资金也是非常重要的。通常情况下，如果你有足够的资金，就可以顺利获得合适的或者专业的服务。马克思在《资本论》中曾经说过："一有适当的利润，资本就会非常胆壮起来。只要有10%的利润，它就会到处被人使用；有20%，就会活泼起来；有

50%，就会引起积极的冒险；有100%，就会使人不顾一切法律；有300%，就会使人不怕犯罪，甚至不怕绞首的危险。"资本的本性是逐利的，它的终极目的是追逐利益的最大化。因此，我们必须善加利用，管理好我们的资金。

然而，了解了客户需求，有了资金，如果没有技术，还是会处处受到掣肘。打火机火焰的稳定、圆珠笔书写的顺畅、公司的专利保护、国家之间的贸易纠纷，他们的背后无不隐藏着技术的影子。一项关键的技术，其技术贡献者就是最大的成功要素。杂交水稻之父袁隆平钻研杂交水稻技术数十年，极大地提高了单位面积产量，对于解决全国14亿人口的温饱问题功不可没，这是巨大的支持要素。

技术也许可以通过资金的注入加速发展，但是技术也有自身的发展规律，许多技术是互相制约的，必须先突破一个个技术瓶颈才有可能推动整体行业技术的进步。我在3D打印行业曾经工作多年，深刻地了解了为什么直到现在3D打印行业才开始蓬勃发展，因为3D打印的前提是数字化技术的成熟。没有数字化的信息获取、设计和处理，就不可能有3D打印技术的成熟。此外，材料也是一项关键要素。没有适用于3D打印技术的材料，3D打印也只能是空中楼阁。事实也证明，3D打印最昂贵的部分通常并不是机器部件，而是软件和植入了软件的硬件，以及高品质的材料。

除了客户需求、资金和技术之外，想要取得成功，还有一项永远不可或缺的要素就是人才。

有了资金，该给谁投资？技术突破，由谁来应用？客户需求就摆在那里，由谁来发掘，由谁去推动实现？

所有的一切都离不开人才。

所有的投资者，除了会查看财务报表、分析市场需求之外，也会评估创业团队。许多时候，投资者投资的其实是人才。他们相信团队的视野、能力和品格，就像相信自己的判断一样，所以他们才会放心地投入宝贵的资金。

所有的重大发明总有主要的发明人，所有的重大变革总有引领者和推动者。中国"两弹一星"的进展，离不开国家领导人的高度重视、高瞻远瞩，和一大批科学家的全心投入、苦心钻研，才能够历尽艰辛，最终获得成功。苹果手机的出现和发展，则源于乔布斯对于未来世界的深度思考，也正因如此，他的思想结晶满足了海量客户的需求。

当然，话说回来，如果他的心中没有考虑用户的感受，那么乔布斯的产品做得再好，也不过是孤芳自赏。**客户需求永远是核心，人才是关键，技术不可或缺，资金非常重要。如果要排一下顺序的话，大多数情况下，我会按照以下顺序排列：需求 > 人才 > 技术 > 资金。**

因为我们首先必须要有客户需求，才能推动社会进步，才能创造出价值，不然一切都只是空谈，甚至是浪费资源。客户需求可能是显性的，也可能是潜在待开发的。

其次要有人才，不管是科学家、工程师，还是管理者、商人，都是将需求和供应联结起来，并付诸实施的关键要素。

再次是技术，它可以帮助我们加快供需联结的速度。技术有些时候是伟大的发明，而更多的时候则是在原来基础上的新发现或者新要素的重新组合。比如，智能手机并不是一个全新的发明，而是集合了各种原有的技术，不断地优化整合而成的。

最后是资金，事实上资金往往是嗅觉最灵敏的一个要素。通常如果解决了前面的需求，资金就会闻风而动，主动投资。也有一些时候，没有资金，还可以通过价值互换，同样可以解决资金问题。

获取支持是非常重要但往往会被忽视的一部分。史蒂芬·柯维（Stephen Richards Covey）在《高效能人士的七个习惯》一书中提到，人的成熟度分为依赖、独立和互赖三个阶段。依赖的人完全依靠别人，独立的人完全依靠自己，而互赖的人则知道互相依靠，互相支持。事实上，是否需要支持取决于你要完成任务的复杂程度和你拥有的资源。

以吃饭问题为例。在农耕社会，一个农民，只要给他提供一块土地、一把锄头、一袋种子，他便可以种出粮食，养活自己。自给自足，这是独立。但是在现代社会，吃饭有了更多的选择。要么买米自己做饭，要么去饭店吃饭，或者干脆叫外卖送到家里。我们可以看到，每一个选择的背后都有系统的支持。不管是买米、去饭店吃饭，还是外卖送上门，其背后的系统支持都有庞大的供应链，涉及交通、互联网、移动支付、电网、煤气管道等系统的支持。

人类已经进入了巨大的、错综复杂的网络之中。我们需要的产品也在这个巨大的系统之中产生、运行。手机是全球供应链，电脑是全球供应链，服装是全球供应链，电影也是全球供应链……即使一个小小的打火机，其背后也包括了来自世界各国的分工合作以及技术支持。

不仅商业分工如此，家庭生活也是一样。比如一个家庭迎来了一个刚刚出生不久的婴儿，那它就会动用大量的支持系统，比如父母、医院、月子中心、为你代班的同事等。

以我的家庭为例，我的父母在工作和生活中就是彼此默默地支持，构成了一个以家庭为单位的支持系统。我的父亲负责工作，全年无休，是一位名副其实的全国劳模。而我的母亲则一直默默地支持着我的父亲，除了料理家务之外，人情往来也由我的母亲操持，亲戚朋友都对她赞誉有加。父亲对母亲说："如果我是一所房子，那你就是我的地基。没有你的支持，我根本不可能站起来，而且还能站得这么稳。"而母亲则说："你就是我的天。没有你，我怎么生活？"对母亲而言，父亲是这个家的顶梁柱，是撑起这个家的一片天。由于父母平时和亲戚邻里关系很好，遇到问题也会彼此关照，由此形成了一个源于血缘和地缘的互助系统。

显然，我们再也无法回到农耕时代了，现代社会分工越来越细，分工范围也越来越广。也正是因为分工的全球化和系统化，如今合作共赢和系统化思维越来越成为大家的共识。虽然有些国家、地区之间仍旧冲突不断、竞争激烈，甚至发生战争，但这终究不是发展的主流。

盘点你所需的支持

支持是完成某个任务所必需的资源。如果出现缺失，这个任务很可能会无疾而终。有些支持比较显性，比如一个板凳少了一条腿，大家都能看得到。有些支持则相对隐性，比如大家对你的信任，你是否获得大家的拥护和支持等。

除了显性和隐性因素之外，对于支持还要考虑方向的不同和程度的高低。比如顺水推舟和逆水行舟。一项支持正向推动则是轻松助力，逆向推动就会产生阻力。水能载舟也能覆舟。水面平静无波便可顺利航船，然而一旦平静的水面变得巨浪翻涌，就很容易让船倾覆。所以，我们要特别注意支持的方向和程度。如果支持是反向的，我们就需要避开或者正面解决。如果目前获得的支持程度很低，我们就需要采取行动提升支持的层级和力度。

因为支持不会自动发生，所以需要将寻求支持列入你的行动计划中。

维护好利益相关者

2011年发表的《中国的和平发展》白皮书提出，要站在"人类命运共同体"的高度，寻求人类共同利益和共同价值的新内涵。2012年党的十八大明确提出"要倡导人类命运共同体意识，在追求本国利益时兼顾他国合理关切，在谋求本国发展中促进各国共同发展"。当今世界，各国相互依存，休戚与共。国际政治如此，商业领域和社会生活也是如此。

命运共同体的各方本质上是利益相关者。要维护好利益相关者，我们可以运用以下模型进行分析。利益相关者支持模型分为两个维度，分别代表了支持的方向和程度。正向的是支持，反向的是反对。同一个方向支持的程度又会有所不同，据此可以分为四个象限，如图2-3所示。

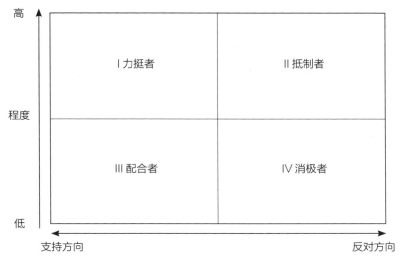

图 2-3 利益相关者支持模型

第一象限是力挺者。可能是志同道合的人，也可能是赞助者或投资者。他们很可能会为你站台代言、呐喊呼吁、争取权利、维持秩序，或者投入时间和资源等。一定要与这一类利益相关者保持良好而持久的关系。

第二象限是抵制者。首先不要想办法"绞杀"这类人。一则你不一定有能力将其"绞杀"，二则斗争的过程中可能会引发更严重的后果。因此，通常的做法是想办法争取其转变立场。这个象限的利益相关者一旦转变，通常也是极具影响力的。最低限度是保持距离，不合作也不反对。这也算是低层次的共赢。中国古代的外交策略中有时候会用中庸的方式与外方进行沟通，尽量搁置争议，这也是一种保持平衡的策略。

第三象限是配合者，这类人的支持程度一般不高。对此，我们需要分析如何增加其支持力度。

第四象限是消极者，我们应了解其消极应对的原因，想办法达成共识。大多数时候加强沟通能够消除误会，加强支持力度。

知 （1）按照重要程度对取得成功的要素依次排序。

（2）支持模型的四个象限是什么？如何对待四个象限中的不同角色？

省 观察你的利益相关者支持的方向和程度。

行 梳理一下，完成你的目标需要哪些支持？请将它们写入你的行动计划，并争取获得这些支持。

第三章
痛点教练模型的应用案例
——日常生活

虽则人世充满了痛苦,但也充满克服痛苦的办法。

——海伦·凯勒

我原本以为痛点教练模型是适用于商业领域的一套管理工具，但在使用过程中，我惊喜地发现，原来日常生活中也可以应用该模型。要改变一个人很难，要改变世界显然更加艰难。与其执着于改变世界，不如先从改变自己开始，从做自己的痛点教练开始。

在工作和日常生活中遇到各种各样的问题时，你不妨尝试着使用痛点教练模型加以分析，就像运用数学公式解答问题一样。

自我教练通常可以用于个人发展、健康管理、财富管理以及其他工作和生活中你希望解决的问题。

在本章中，我们将选择三个日常生活中十分常见的痛点加以分析，它们都是发生在周围的朋友和同事身上的真实案例。

职业生涯规划——Selina 的总裁之路

Selina 是我见过的女性中极其优秀的一位。如今,她风华正茂,已经是一家企业的董事长和两个孩子的母亲,家庭幸福,事业有成。但是 10 年前的她,却像一朵快要枯萎的野花。

10 年前,我第一次见到 Selina 时,她才 25 岁,担任一家外企的项目助理。她的父亲是位大学教授,母亲是一家公司的总会计师,她的哥哥在清华大学毕业后选择到美国麻省理工学院继续深造。与家人相比,Selina 的学业就逊色多了。她没有考上期望的 211 名校,上了当地一所普通的大学。毕业之后,她在职场上也遇到了一些困难,迟迟找不到合适的工作。后来,她进入了一家小型的外企广告公司做了一名项目助理。这让她在家中的地位更加尴尬了。

很显然,Selina 对自己的现状一点也不满意。在了解了痛点教练模型之后,聪明的 Selina 自己主动填起了表格,如表 3-1 所示。

表 3-1 使用痛点教练模型解决痛点

痛点教练步骤	主要内容
发现痛点	主要痛点:压抑 主要表现: 1)在家里很沉默;

（续）

痛点教练步骤	主要内容
发现痛点	2）有时候会自我否定，觉得自己不如父母和哥哥优秀，但又心有不甘。希望得到家人的认可； 痛级：三级，非常痛，非常重要，必须改变
明确目标	主要目标：证明自己的能力，得到父母的认可 衡量标准：30岁时成为一家公司的总经理
评估分析	差距分析： Selina今年25岁，目前是项目助理，暂时还不具备成为总经理必备的以下胜任力： 1）与总经理的知识差距； 2）经营管理经验缺乏； 3）人际关系的积累 资源分析： 1）可能的机会：中国经济发展迅猛，但是专业的管理人才非常稀缺； 2）可能的优势：对于自己喜欢的事情有很强的学习能力；在读大学的时候就是大学职业发展干事，有领导力基础； 3）可能的风险和阻力：暂时没有想过，打算先试试看
甄选方案	1）针对与总经理的知识差距，参加MBA（工商管理硕士）培训班； 2）针对经营管理经验缺乏，主动参与项目管理工作；开发领导力潜能； 3）针对人际关系积累，更多参与公司活动并主动向他人求助
行动计划	1）报名备考MBA全国统考；参加MBA学习，学习每位同学的行业经验和实践经验，和同学们探讨工作中遇到的各种问题，参加并主持私人董事会活动，认真阅读老师推荐的各类文章书籍，主动请缨担任班长； 2）主动向项目经理申请，深入参与项目经理的日常工作，基本掌握项目经理的所有技能； 3）尽可能多地参加公司内部的各类培训和重要会议； 4）通过MBA培训班和私董会的历练，积极拓展人际关系，积极和猎头接触，进入猎头的人才库； 5）行动的完成标准： 寻找未来的两个创业合作伙伴； 寻找两个投资者；

（续）

痛点教练步骤	主要内容
行动计划	寻找三个高端猎头； 提升自己的公众演讲能力和主持能力
确保支持	1）MBA 同学、MBA 班主任； 2）项目经理、公司内部导师、各部门负责人； 3）猎头； 4）父母（逆向激励），把全家福带在身边，每当见到照片，就在心中默默激励自己要更加努力

填写完表格之后，Selina 立刻开始付诸行动。

由于她出色的表现，在第二年前任项目经理成功晋升项目总经理之后，她也成功晋升为项目经理。并且，在项目总经理的积极推荐下，她参加了高潜力人才培养项目。这是一个为期六个月的项目。公司聘请了外部资深讲师主持行动学习工作坊，并邀请公司高级领导作为导师，同时安排各部门实施"影子计划"（跟随部门负责人工作），最终 Selina 顺利通过了董事长和高管团队的考核，并获得了高度认可。

通过自己的不懈努力，Selina 在三年时间内完成了 MBA 的学习，在 MBA 项目中担任了一个创业项目（霓裳婚纱）的策划。由于顺利找到了合作伙伴和投资者，她决定开始创业，并担任创业公司的总经理。在 29 岁的时候提前完成了自己职业生涯的阶段性目标。

同时，随着学习和创业的进展，Selina 的自信心也大幅提升。她邀请我做她的私人教练，每两周做一次一个半小时的访谈。她变得开放而勇敢起来。工作有所成就之后，她终于向父母敞开了心扉。在和父母一番长谈之后，她惊喜地发现原来父母从来没有忽视过她，他们觉得每一个孩子都是与众不同的，并且他们一直很欣赏她面对生活的乐观态度，一直以她为荣。他们从不希望 Selina 沉湎书本而不会生活，他们一致认为女儿自己感到幸福才是生活的最终目标。Selina 的心结被彻底打开了，她的人生从此更加光彩夺目。

现在，Selina 又有了新的痛点：

（1）如何让公司实现盈利？如何让每一位新娘都了解她的品牌？如何让每一位新娘都能够拥有一件精美绝伦，但又不必承担高定价格的婚纱？

（2）当初，Selina 为了鼓励自己报考 MBA 培训班，她给自己的奖励是一套高定的婚纱，但是很显然她还需要一位新郎。因此找到一位如意郎君便成了她的另一个痛点。

看来，Selina 需要继续规划她接下来的两段痛点教练的旅程了。

关于职业生涯规划的思考

生涯规划首先是对我们的人生的一种规划。对于大部分人来说，甚至是对整个家族命运的一种长远规划。其实，生涯规划从我们每个人生命诞生的那一刻起便已经开始了。胎教、学龄前、小学、中学、大学、职场，乃至生命的后期，每个人生阶段都有不同的规划。因为时间是不可逆的，所以如果能够提前做好一些必要的人生规划，便能更好地把握我们的人生。

反之，如果像电影《何以为家》中的故事讲述的那样，赞恩起诉自己的父母当初毫无计划便生下了他，之后又毫无计划地任他野蛮生长，令其尝尽了人世间的苦楚，备受生活的折磨。那就太可惜了。

当你面临职业生涯痛点的时候，你首先应该考虑如何使用"痛点教练六步曲"为自己打造一套职业生涯规划。

（1）你对现状是否满意（发现痛点）。

（2）你理想的职业生涯是怎样的（明确目标）。

（3）了解自己的优势和机会，弱势和风险（评估分析）。

（4）寻找个人发展的可能路径（甄选方案）。

（5）列出行动计划并积极采取行动（促进行动）。

（6）寻找支持系统（确保支持）。

那么，好的生涯规划的标准是什么？我觉得它至少应该具备以下两个特点：拥有一个人生愿景，以及具备可实现的路径。

拥有一个人生愿景（发现痛点，明确目标）

拥有人生愿景，即痛点教练的第一步和第二步。知道自己想要什么，不想要什么，确定自己的人生目标。

在《爱丽丝漫游奇境》中，爱丽丝问森林里的小猫："我应该走哪条路呢？"小猫回答："这要看你想去哪儿？"爱丽丝说："我也不知道。"小猫说："那么，走哪条路又有什么关系呢？"

在我们的工作和生活中也有大量类似的案例，如果你不知道自己想要什么，那么你如何开始行动呢？别人又该怎么帮助你呢？

生涯规划包括但不限于职业规划，它更像是我们的人生规划，也就是为你想要的生活做出规划。人最宝贵的是生命。生命对于每个人只有一次。预则立，不预则废。又有谁愿意荒废自己的生命呢？

然而，你想要获得什么，只有你自己最清楚。因此，你的生涯规划的主要责任人就是你自己。尽管有些时候，比如在少年时代，我们还无法/无力进行生涯规划，但是未来将走一条什么样的路，还是必须由我们自己去践行。母亲在生下自己的孩子的时候，自然是对其人生抱有极大的期待，但是谁又能确切地知道他未来会变成什么样子呢？在他幼小的时候，父母会耗尽心力地抚养他、教导他。但是，他的人生之路只能由他自己来走。父母无法代替他生活。他想要什么样的生活，需要自己去追寻。

我不知道埃隆·马斯克（Elon Musk）是什么时候立下移民太空的志愿的，但是，很显然他的生涯规划完全符合上述的两个特点：愿景清晰，目标明确。

埃隆·马斯克接受CBS《60分钟》栏目的采访

在采访中，当字幕上打出"当你想放弃时，想想你当初为什么要开始"时，马斯克斩钉截铁地说："我不放弃。"

他说："我不知道什么叫放弃，除非我被困住或者死去。"

当马斯克创办了SpaceX（太空探索科技公司），雄心勃勃地想把人类送上火星时，那些已经从事太空探索事业几十年的人，包括尼尔·阿姆斯特朗（Neil Armstrong）、尤金·塞尔南（Eugene Cernan）都站出来反对或炮轰马斯克，他们说："你（马斯克）对这些事情完全不了解。"

马斯克对主持人说："他们都是我心目中的英雄，我过得真的很艰难。我真希望他们能来看看，我的工作有多么艰难。"

主持人追问马斯克："是他们的事迹鼓舞了你去做这件事，对吧？"

马斯克回答："是的。"

主持人又接着问道："他们在你前进的路上扔石头、百般阻挠……"

此时，马斯克的眼睛已经因为泪水在里面打转而变得格外晶莹明亮。他使劲抿了抿嘴唇，希望控制一下自己的情绪，但他的声音却无法抑制地哽咽着回答道："的确很艰难。"

他仰慕的英雄极力反对，华尔街风险投资完全不看好项目的前景，他的妻子也宣布和他离婚，因为他是个极端人物、怪胎，和社会格格不入。

那么，他能够坚持下来的原因是什么呢？

因为他真正的愿景是让人类成为多星球物种。

在历史的长河中，任何事物的湮灭终将会来临，而地球也难以摆脱灭亡的命运。他希望未来的人类看到的不是悲伤，而是希望。对此，他是认真的。

当全世界都沉醉于石油带来的能源狂欢时，马斯克却宣布他要用电动汽车改变世界。当时的特斯拉不仅仅要面对研发电动汽车必须克服的大量技术难题，还要承受汽车巨擘和石油巨头的挤压和敌意。

马斯克说他曾几近崩溃。当2007年金融危机来临之后，特斯拉很快面临资金短缺和员工离职的双重打击。"今年没多少时间来解决这件事了，只有两三个人留了下来。我从没想过我会精神崩溃，但那时我真的崩溃了。"马斯克说。

当时，仿佛全世界都对马斯克充满了敌意。电视台主持人曾大叫着说："华尔街将特斯拉列为最不可能成功的企业，别买特斯拉的股票，那只是在浪费钱，甚至都不应该租赁特斯拉的汽车。"而普通用户在接受采访时表示："电动汽车在很多方面行不通，对客户来说没有什么用处。这是一种对电动汽车的'宗教'信仰，可是这种信仰终会破产。"政客则表示："你们花了900亿美元，它本可以将钱投在值得研究50年的风能和太阳能上。在优胜者和失败者中，你（马斯克）竟然选择了失败者。"

在当时那种情况下，为了募集更多的资金以避免特斯拉破产，马斯克选择让特斯拉上市。很快，他就证明了之前所有质疑他的人都是错的，特斯拉的贷款在短时间内全部还清了。

马斯克曾自豪地说："还清美国纳税人的钱感觉真好。这很重要，我们不仅仅还清了本金和利息，最后还通过这笔贷款为纳税人赚了2000万美元。"

此时的马斯克还正在遭受另一项困扰，那就是他的另一家企业SpaceX正在与火箭回收失败做斗争。这些新闻我们已经在过去的报道中看到过很多次，不过2016年4月8日是一个历史性的转折点，这一天，SpaceX"猎鹰"9v1.2火箭成功实现了海上着陆。

极致的成功需要极致的个性，这样的成功也必然以其他方面的牺牲为代价。极致的成功与普通大众认可的"成功"很可能是不同的。他们常常被认为是怪胎或者与社会格格不入，他们总是强迫自己以一种非同寻常的方式去体验这个世界。

随着年龄的增长，他们开始找到适合自己的生存策略，他们会想方设法把这些策略应用在其他的事情上，从而为自己创造独特的、强有力的优势。他们的思维方式不同于常人，他们总能以全新的视角看待眼前的事物，洞见平凡中的神奇之处。但是，人们常常认为他们是疯子。

那么，埃隆·马斯克为何会如此"疯狂"呢？因为他的愿景是在自己的有生之年实现跨星球移民。

可是这样的宏伟蓝图如何实现呢？

他发现，发射宇宙飞船到达火星最大的难题并不是技术问题，而是成本和资金问题，因此他不断探索降低成本的方法和引进资金的渠道。

只要有足够多的人移民火星，他预计星际航行的成本就能降至原来的五万分之一。于是，他将每个流程和所有材料逐一分解，逐一挖掘降本的极限。同时，他积极开源，与NASA（美国国家航空航天局）合作，为国际空间站运送货物，积极为建立火星基地做准备。

每个人都有权利追求自己想要的生活。有的人想要拯救世界，有的人想要改变家庭状况，有的人则只想守着老婆孩子热炕头就知足了，无论是什么样的追求其实都无可非议，因为每个人的人生目标都需要自己来设定。

人的生命只有一次，人的生命也是有限的，即使生命科学再发达也是如此。因此，当我们拥有明确的目标时，执行效能必然更高，我们也会更加坚定地将时间投入我们认为更加重要的事情上。

那些伟大人物和社会公认的成功人士也无一不具备清晰而强烈的人生愿景。为了实现人生愿景，周恩来毅然选择前往法国求学，随即参加革命，为中华民族的解放事业奋斗终生；任正非则为华为制定了深远的战略发展规划，将目光放在了当时尚显遥远的 5G 和 6G 通信技术的预先研发上，为了中国科技的重新崛起砥砺前行。

如果说我们小时候的那些梦想很多都是异想天开，那么应该从什么时候开始明确我们的生涯规划呢？

明确愿景自然是越早越好。但是，我们也不必担心迟到。

具备可实现的路径（评估分析，甄选方案，促进行动，确保支持）

评估分析。

当我们确认了自己的愿景和目标，也了解了其重要意义，接下来就该理性评估自己的现状和目标之间的差距了。

机会主要源于外部，比如社会时局、市场需求、消费习惯等。

比如刘强东发现了快递行业存在最后一公里的痛点，抓住了人们期待方便快捷、送货上门的痛点，因此选择建立京东自己的物流系统。顺丰发现大量包裹无处安放，便顺势推出了丰巢服务。应该说，这些机遇都是源于客户迫切的需求，并且有些问题已经困扰了人们很久，有些问题则是被挖掘和放大的需求，但他们无一例外，最后都变成了市场机遇。

优势主要来自内部，即自己擅长做些什么。他们往往是在本能的驱使下去做的，通常来说他们会比别人做得更好，并且认为这些活动是有意义、有价值的。

比如我选择从事培训和咨询工作，正是因为我看到了人力资源以及智慧共享是未来社会的一个重要的发展趋势。虽然并非每一家公司都需要长期的培训和咨询服务,但是一定会有许多公司在某个时刻需要我们提供咨询、培训等相关服务。发现个人和组织的痛点,帮助他们解除痛点,并且让他们增强自身的能力,自己主动发现问题、解决问题,提升和改善个人和组织的效能,拥抱更美好的未来,这于我而言是一件很有意义的事情。

甄选方案。

我们的生涯发展通常需要考虑三个维度:胜任力发展、职涯发展、个人完善。

胜任力发展是指胜任现有的工作,职涯发展是指胜任未来的工作,个人完善是指持续地成长,全面更新,成为一个更优秀的人。

要想胜任现有的工作就要了解现有岗位的胜任力要求,并进一步进行评估,根据得出的差距进行提升或重新匹配工作。

规划职涯发展需要我们了解未来的职业要求有哪些,需要哪些特质和能力。根据得出的差距进行更长期和全面的准备。

个人完善,我将其称之为"个人修炼"。其主旨是希望自己成为一个更优秀的人,所以需要我们不断成长,全面更新,成为一个身心全面健康的人。

促进行动。

基于个人发展的行动主要是制定个人发展规划。通常来说,关于学习和发展的原则,我比较认同"10—20—70"原则,它们也恰好对应了我提出的"知—省—行"模式。

我们完全不必拘泥于数字。正确的学习方法必定需要有准确科学的知识、理论以及必要的工具和方法进行辅助指导（知），同时也不能忽略思考和反馈的重要性（省），而且需要在实践活动中进一步巩固深化（行）。

关于"知"的学习：最好是学习经典的知识，包括方法、公式、模型等。他山之石可以攻玉。当年刘邦率军攻入咸阳时，萧何力主将当时秦帝国在中央的众多典籍图册保存下来。他迅速接收了秦丞相府、御史府所收藏的律令、图书，全面掌握了全国山川险要、郡县户口等情况，对日后西汉王朝的政策制定和推行发挥了重要作用。萧何早年曾是主吏掾，负责沛县的人事以及司法方面的工作。正是出于这种职业背景，因此他深知完整而成熟的秦朝典章制度，对于白手起家的汉帝国有多么重要。同样的道理，经典知识对于一家公司，对于个人也具有极其重要的意义。

关于"省"的学习：方法和公式不一定都是写在书本上的，也可以是自己领悟到的，或者来自于其他人的反馈。有一位名师进行指导，或者一位高手帮忙引路都可以让我们的工作顺利许多，达到事半功倍的效果。因此，我建议，在面对难以克服的困难而一筹莫展时，我们需要给自己找一位导师。如果实在找不到，那就找自己的客户征询一下意见。客户是我们最真实的反馈者，虽然你不能指望他们不离不弃，而且他们也常常不留情面，有时甚至不理不睬。但他们都是用"脚"投票的人，也是最好的可以帮助我们实现能力提升的导师。**我们的所有知识和提供的服务，都是因客户的需求而生的。**尽管大多数时候客户也许并不清楚自己的需求，或者无法准确地表达出来，但那正是我们的机遇。我们要完全站在客户的角度和立场，去体会和发现他们的痛点和需求。

关于"行"的学习：无论多么优秀的知识或者领悟，都需要经过实践的检验，也需要应用于实践之中。亲身参与一个项目，并且完成规定的任务，便是很好的检验方法。在我的职业生涯早期，我曾有一个习惯，凡是团队里无人认领的看起来颇为困难的、新出现的任务，又是公司迫切需要的，那么我通常会主动承担下来。理由也很简单，因为这项任务此前谁都没有做过，而我首先去做了，那么我就得到了优先学习的机会。而且，因为公司迫切需要，往往可以得到上级和公司大量资源的支持。

确保支持。

所有的行动都会占用资源，就像所有的行动都会耗费能量一样。学习成长也是如此。

时间是不能忽视的宝贵资源，因为时间就是生命。从投资的角度来说，当你把时间投在某处，就无法再投入他处。时间是有机会成本的，时间也是有价值的。而我们的价值就通过时间来呈现。因此我们的支持系统有时候需要占用别人的时间，哪怕是请专家给出点评，请领导出席会议，请下属打印文件，所有的时间花费都是支持系统的一部分。当我们和别人交流时，也是在占用对方的时间。因此，我们也需要表示自己的谢意。

财物自然也是重要的资源。在资本经济时代，"金主"具有极大的能量，也能够推动大部分项目的进程。而在我们的个人成长过程中，我们同样需要大量的培训、学习，通常也离不开财物的支持。

信息也是不可忽略的重要资源。从某种意义上来说，知识也是信息的一部分。当你掌握了别人没有掌握的知识，也就拥有了别人没有掌握的信息，往往可以提前一步，占据先机。在个人成长的过程中，一语道破先机，往往可以让我们豁然开朗，少走许多弯路。

最后一项，有时它可能会成为最重要的资源，那就是人脉。是否能够得到重要决策者的支持，就如同顺水推舟或者逆流而上，付出同样的努力，得到的助力以及遭遇的阻力不同，其结果也会大不相同。

- 知　Selina 是如何使用"痛点教练六步曲"获得职业生涯成功的？
- 省　你是否已经制定了清晰的人生规划？
- 行　用痛点教练模型为自己制定一份生涯规划，并且立刻采取行动。

健康管理——白老师的失眠治愈了

痛点教练模型常常可以用于健康管理,迄今为止我已经收到十余个成功案例的反馈,他们都通过痛点教练模型改善了失眠、超重或嗜酒等问题,痛点教练模型还成功地改善了一位自闭症儿童的母亲由于过度焦虑和无助引起的轻度抑郁。

健康领域的痛点教练模型也分为六个步骤:

(1)饱受失眠、超重、嗜酒、自闭症、抑郁症等问题的困扰(发现痛点)

(2)恢复健康(明确目标)。

(3)诊断病因(评估分析)。

(4)纠正行为(甄选方案)。

(5)付诸行动(促进行动)。

(6)社会支持系统(确保支持)。

下面我们将讲述发生在一位朋友身上的真实案例。

白老师是一位出版社的主要负责人,因为常年工作压力过大,造成严重失眠,常常整晚睡不着,脱发现象也很严重。

当我向他推荐了痛点教练模型之后,他将信将疑地完成了以下内容,如表3-2所示。

表 3-2 痛点教练模型运用

痛点教练步骤	主要内容
发现痛点	主要痛点：失眠 主要症状：睡眠时间经常只有 2~4 小时，这让白老师非常痛苦 主要后果： 1）白天注意力不集中，有时会打瞌睡，严重影响工作效率； 2）有一次，开车时因为失神险些酿成交通事故； 3）长期失眠导致身体比较虚弱； 痛级：三级，头等大事，痛不欲生
明确目标	总目标：治愈失眠 衡量结果：白天精神饱满，每天睡眠时间不少于 7 小时，希望在半年内恢复健康
评估分析	差距分析：理想的睡眠是沾枕即睡，一觉睡到天亮。但白老师经常凌晨 2 点才开始睡一会，到 4 点左右就会被路上的汽车声甚至窗外的鸟鸣声吵醒，或者卧室内有轻微的声响就会惊醒 资源分析： 1）工作压力大，每天需要处理的事情太多； 2）脑力消耗大，但体力消耗小，大脑皮层总是处在兴奋状态； 3）总是处在工作状态，床上也成了他的办公场所； 4）可能有遗传因素的影响，他的母亲每天也只睡 4 个小时
甄选方案	从资源分析得出的阻力着手，逐一寻找解决方案： 1）工作压力大。要么提升抗压能力，要么解除压力。白老师作为出版社的主要负责人，其压力主要来自作者的签约数量和质量。签约数量决定了可以出版图书的数量，这是出版社销售收入的最重要来源；签约质量取决于作者的写作水平和该书的市场销售情况，以及相关衍生品的潜力，这是出版社一项可持续发展的长期收入。白老师冥思苦想进展不大，最终决定和同事召开一个痛点教练工作坊，结果竟然得到了 20 多条很不错的建议，他们又从中甄选了 3 条，作为当年出版社的发展策略。白老师最大的一项压力解除了。

（续）

痛点教练步骤	主要内容
甄选方案	2）脑力消耗大，但体力消耗小，大脑总是处在兴奋状态。白老师试着增加了一些体力活动，他选择了跑步。跑完步后他觉得身体非常轻松，第一次不到 11 点就睡着了。 3）针对长期处在工作状态的问题，白老师意识到睡眠需要一些心理暗示。如果床上堆满了电脑和书籍，似乎暗示他还要继续工作和学习，因此他把电脑和书籍都搬到了书房，只留下一本英文小说。原来，白老师对英文比较头疼，这本小说正好可以做他的催眠书。 4）对于可能存在的遗传因素，白老师了解到其母亲年轻时大约每天睡 6 小时，等年长了每天只睡 4 个小时。中午也只午睡 30 分钟，但是每天仍然精神抖擞。白老师的失眠问题难道真的是因为遗传因素吗？难道睡眠一定要睡够 7 小时吗？白老师专门查阅了许多书籍，也购买了睡眠测量仪，他发现自从实施了前面三个方案之后，他的深度睡眠时间从 30 分钟增加到 2 小时。第二天的精神状态也好了很多。于是，他决定重新调整目标。毕竟他的最终目标是精神饱满，身体健康，而真正的影响因素不是睡眠时间，而是深度睡眠时间，因此他把目标改为深度睡眠时间为 3 小时。这样，即使他的睡眠时间不足 7 小时，只要深度睡眠时间足够，他依然可以安之若素，不像以前那样焦虑了
促进行动	1）学习睡眠相关知识，查阅各种资料； 2）解除压力，用痛点教练模型召开群策群力工作会议； 3）每天坚持跑步； 4）区分书房和卧室的功能； 5）睡前放松
确保支持	1）阅读与睡眠相关的专业书籍； 2）戴睡眠手环； 3）和儿子每天一起跑步； 4）妻子为他添置了一把按摩椅，让他可以按摩放松

因为失眠给白老师带来了巨大的痛苦，所以他下决心要改变现状。经过半年的努力，白老师成功地摆脱了失眠的折磨。现在，虽然他每天只睡 5~6 小时，但是他的精神状态和身体状态都非常健康。

知　痛点教练模型是如何帮助白老师成功摆脱失眠的折磨的？

省　观察身边的人他们的健康管理是否有效，如果无效，原因是什么？

行　思考一下自己在健康方面的痛点，然后运用痛点教练模型改善自己的健康问题。

家庭沟通——母子的两次对话

在人际沟通中,痛点教练模型也可以发挥不小的作用。人际沟通当然也包括家庭成员之间的沟通。模型中痛点的梳理和目标的一致,对于促进家庭成员之间的相互理解、增进感情和解决各种家庭问题都有深刻的意义。迄今为止,我已经运用痛点教练模型帮助许多家庭增进了夫妻之间和亲子之间的沟通交流。以下内容是一对母子在面对同一个问题时,先是站在各自的立场上进行探讨,结果无法达成共识。然而,当采用痛点教练模型沟通之后,很快便达到了高度共识,母子间的感情也更融洽了。

故事中的男孩是一名高一新生。从出生到初中毕业,男孩的饮食起居都由母亲亲自照顾,母亲也因此放弃了很多工作机会。儿子初中毕业后,母子商议之后决定让儿子住校,开始独立生活,这样她也可以把更多的精力投入到工作中。不料儿子经历了开学前学校组织的生活体验周之后,却坚持不愿意住校。下面是母子的两次对话。

第一次沟通

子:妈妈,我不想住校了。从小到大,都是您替我做决定,这次我想自己做决定。

母：为什么？咱俩不是事先说好了吗？你怎么说话不算话呀！

子：因为住校有很多不方便的地方。

母：走读也会有很多不方便啊。而且，从你出生到初中毕业，我照顾你的饮食起居，已经整整十五年了。我不想继续在这方面花费时间了，我累了。你只知道家里舒服，有没有体谅过妈妈的辛苦？我今年白头发又多了很多，你有没有看到？你也该学会独立生活了！

子：妈妈，我知道您的辛苦。不过做早饭、洗衣服这些我自己也可以做的。电饭煲预约一下，洗衣机开动一下就好了。

母：你以为真的这么容易吗？你每次都是光说不练，我不信！

子：谁说我光说不练的？您总是觉得我不行！

母：难道不是吗？我有很多例子。去年暑期旅行你说你来做攻略，结果到出发前一周还什么都没做，结果还是我来做的；前年母亲节的时候你说妈妈辛苦了，打算每周帮我打扫一次卫生，一次都没有兑现过；三年前你说每年我的生日你都要送我一份自己制作的礼物，我一直等，结果每次都是从网上订的生日蛋糕。你让我怎么相信你！

子：好了好了，又开始翻陈年旧账了，每次都是这样，不和你说了！

母子间的第一次谈话就这样结束了。看到这里，不知道家里有"熊孩子"的家长，尤其是青春期孩子的家长有没有觉得似曾相识？有没有在这个男孩身上看到自家孩子的影子？

对此，这位母亲非常痛苦，因为她深爱着自己的孩子，可是母子之间的交流总是很艰难。直到母子俩学习了痛点教练模型，并尝试着使用了痛点教练推荐的沟通方式，情况开始发生了变化。

第二次沟通

子：妈妈，我不想住校了。从小到大，都是您替我做决定，这次我想自己做决定。

母：为什么？咱俩不是事先说好了吗？

子：因为住校有很多不方便的地方。

母：走读也会有很多不方便。从你出生到初中毕业，我照顾你的饮食起居，已经整整十五年了。我不想继续在这方面花费时间了，你也该学会独立生活了。

子：妈妈，我知道您担心什么。我已经替您想过了。您担心我在家里不够独立，相反，我会更加独立的。您担心我会让您操心生活上的事，我已经决定不给您增加负担，可能还能减轻您的负担。

母：你说的是真的吗？

子：当然是真的。我已经思考过您担心什么了。您是不是担心早上没时间给我做早饭？不用担心，我已经学会用电饭煲预约做饭了，我还可以买些自己喜欢吃的包子，也可以帮您煮粥。

母：这个可以。

子：您是不是还担心我上学会迟到？这个您不用担心，学校离家不远，骑车只需要15分钟。我会定好三个闹钟，确保我可以准时起床。

母：这个我相信你。

子：您是不是还担心我的学习时间会变短？恰恰相反，我的学习时间会增加一些。我晚自习结束后再回家，学习的时间并没有减少，但一天中我节省了很多排队的时间。因为在学校去食堂吃早饭要排队，洗澡要排队，上厕所要排队。学校寝室里虽然熄灯很早，但是大家还会聊一会天，睡得很晚。可是在家就不用排队等候了，晚上还能看一会书，学习时间就更长了。

母：嗯。

子：您是不是还担心我和同学的关系？这个您也不用担心。我白天在学校上课时可以和住校生交朋友，晚自习结束后可以和走读生交朋友，我现在有了双倍的友谊。

母：听起来不错。那么安全问题呢？

子：这个您也不用担心。我们家到学校的公路是新修的，非常宽敞，路灯很亮，有专门的自行车道，我在自行车上也安装了反光镜和反光条，这样就会很醒目，也很安全。

母：好吧。那么天气不好时怎么办呢？

子：天气不好时，比如遇上雨雪天气，我已经和隔壁小区小豪的妈妈商量好了。他也决定走读，他妈妈答应天气不好时会负责接送我们。您不用担心啦！

母：连这个问题都解决了，接下来我担心班主任老师会不会同意。

子：这个我也想过了。他肯定和您一样担心安全和成绩的问题。我们可以写个说明，路上的安全问题不需要他负责。成绩我可以保证至少不会下降，您看好吗？

母：好！你要对你的决定可能产生的结果负责，那么我们就签订一份保证协议，如何？有没有信心？如果出现迟到、不吃早饭、成绩下降、安全问题等，你就需要重新住校，可以吗？

子：没问题。我愿意为自己的决定承担责任。

母：那就这么定了。我和班主任沟通一下，如果他也没有意见，我们就一起签订一份协议。

子：好，成交！

为什么母子俩关于住校和走读的立场完全不同，结果却能够达成一致意见呢？

母亲关心什么问题，儿子又关心什么问题？他们的问题解决了吗？下面，我们用痛点教练模型梳理一下，如表3-3所示。

表3-3 母子角度痛点教练模型归纳

痛点教练步骤	母亲角度	儿子角度
发现表面痛点	走读带来的大量麻烦，不希望再事无巨细地照顾孩子	住校带来的麻烦，不如家里舒适自由
发现深层痛点	希望儿子能够独立自主	希望自己能够独立自主
明确目标	让孩子为自己的决定负责	为自己争取一个独立自主的机会，并证明自己可以对做出的决定负责
评估分析	资源分析：走读带来的风险是否可接受，困难是否可克服，儿子是否有能力对该决定及由此造成的结果负责	资源分析：走读带来的风险是否可接受，困难是否可克服，自己是否有能力对该决定及由此造成的结果负责
甄选方案	早饭、起床、学习时间、安全问题	自己做早饭、定闹钟，在家里有更多时间学习，自行车上安装反光镜和反光条，与小豪妈妈约定下雨天接送
促进行动	理解和倾听孩子的诉求，尊重其决定，并监督其承诺的兑现	表达自己的诉求，寻求同学的资源支持，对需要采取的行动进行承诺
确保支持	同理倾听和信任，班主任的支持	勇敢表达和信任，同学的支持，班主任的支持

从上面的表格来看，一开始母子俩的诉求是截然不同的。表面看来，母亲认为走读会带来诸多麻烦，同时她也不希望继续事无巨细地照顾孩子；而儿子认为住校会带来诸多麻烦，不如家里舒适自由。

然而，当我们进一步挖深真正痛点的时候，我们很容易发现，其实他们的痛点是一致的，那就是儿子的独立自主权。作为母亲，本就希望儿子能够独立自主，提高生活自理能力，所以才提出让孩子住校。而儿子也认为他应该有独立自主的权利决定是否住校。独立是目的，住校还是走读只是手段、方法和路径而已。

当母子双方目标一致的时候，后面的问题就非常容易达成一致了。因为双方衡量目标是否达成的标准实现了一致。在这个案例中，希望孩子独立自主是母子俩的共同目标，独立的标准是能够对自己的行为和决定负责。随后母子俩开始共同分析走读带来的风险是否可以接受，困难是否可以克服，儿子是否可以对该决定及由此带来的结果负责。最后双方各自采取行动，获取相应的资源。问题得到了圆满的解决，双方实现了共赢。

（知）母子俩的对话为何从一开始截然不同的立场到最终愉快地达成了共识？

（省）观察日常生活中拥有良好的人际关系的朋友是如何解决矛盾和分歧的。

（行）回忆一下自己在处理人际关系时发现的问题，并使用痛点教练推荐的沟通方式尝试解决问题，增进感情。

第四章
痛点教练模型的应用案例
——组织效能提升

痛苦并非坏事,除非痛苦征服了我们。

——金斯利

组织发展的过程，就是征服各种痛苦的过程，并因此强化组织的肌肉，使其变得越来越强。在为众多公司做组织咨询的过程中，我几乎每次都会用到痛点教练模型。在实际的应用案例中，它是一套非常有效的工具，可以应用于众多场景中，比如销售、项目管理、企业变革、战略研讨等。

痛点教练促成销售

在第一章第三节，痛点教练的雏形中，我们已经对姜老师和高老师提问话术进行了深入对比。在下文中，这里会再次将两位老师的提问和钱同学的回答进行还原，便能够轻松地发现高老师处理这六个问题的奥妙之处。

销售的流程同时也是运用痛点教练模型的流程：

（1）发现客户的需求，目标实现后的幸福，以及需求未实现的痛苦（发现痛点）。

（2）确认明确的、可衡量的需求（明确目标）。

（3）评估现实与目标的差距，分析客户愿意付出的资源和自己拥有的机会以及可能面临的风险（评估分析）。

（4）提出解决方案（甄选方案）。

（5）付诸行动（促进行动）。

（6）清除阻碍行动的绊脚石并协助完成行动（确保支持）。

下面，我们用表格的形式来对比一下两位老师的具体表述，如表4-1和表4-2所示。

表 4-1　姜老师与钱同学的对话

痛点教练步骤	姜老师	钱同学
发现痛点	是对自己的学习还不够满意是吧（没有挖掘痛点）	嗯
明确目标	那么你有什么目标呢（没有将目标量化）	我想看看有什么办法提高一下学习成绩
评估分析	想改善学习对吗？那么现状离你的目标还有多大差距呢（没有深入分析）	多大差距我说不上来，反正现在还不够好，我妈妈也不是很满意。
甄选方案	那你有想过应该怎样提高学习成绩呢（没有深入分析，也就无法得到可以落地的方案）	上课认真一点，做作业仔细一点，考试多检查一下
促进行动	那下一步打算怎么做（没有合理方案，也就没有行动计划）	怎么做？就是上课再认真一点，做作业再仔细一点，考试再多检查一下
确保支持	你觉得我可以帮你做些什么呢（前面的五个问题没有得到很好的回答，这个问题自然也就无果而终）	没有了，谢谢老师

结果：没有获得期望的结果，我们准备失望地离开。

表 4-2　高老师与钱同学的对话

痛点教练步骤	高老师	钱同学
发现痛点	太棒了，我就喜欢你这样的孩子！玩的方面我可能帮不上太多忙，但学习方面我也许可以帮你，你对自己的成绩满意吗(让孩子产生信任打开心扉说痛点）	不够满意
明确目标	嗯，对自己有要求的孩子才会不断进步！（对自己发现痛点加以鼓励和肯定） 那你有学习目标吗？不要告诉我成绩好一点，那不是一个好的目标。好的目标是很明确的！比如，你中考要考哪所学校	杭二中

（续）

痛点教练步骤	高老师	钱同学
明确目标	有志气！我就喜欢你这样的孩子！杭二中是杭州最好的高中。不仅生源好，老师也非常不错。你如果考入了杭二中，相当于一只脚踏进了名牌大学。杭二中还很注意学生的身体锻炼和思维的创新。这是所很棒的学校（强调目标要明确和进不了杭二中的痛苦）	你这么一说，我觉得要是考不上的话就很可惜了（再次确认痛点和目标）
评估分析	是啊。有目标很好，那你现在距离这个目标还有多大的差距呢（差距分析）	我也不知道
评估分析	那么我们先来看看你期末的摸底考试分数，距离去年杭二中的录取分数线差距有多大（差距分析：使用量化的方式鼓励钱同学自己分析）	离杭二中分数线还有10分左右的距离
评估分析	这个差距是完全可以克服的。我们可以分析一下，你的英语比较有优势，语文也还可以，数学差了十几分，科学也还不错。看来你的主要优势科目是英语，主要弱势科目是数学（资源分析）	
甄选方案	你想过怎样提升自己的成绩吗（鼓励钱同学自己拿出方案）	就是把弱科补一补，强科保持住
甄选方案	太聪明了，我们有个原则，叫"弱科补强，强科更强"。所以你打算怎样补强和保强呢	保强主要是上课认真听讲，认真完成作业。但是弱科数学可能需要补习一下了
促进行动	嗯，你知道数学从哪里开始补起吗	考一下试，老师就知道我哪些知识掌握得好，哪些还没有掌握了。把掌握得不好的知识点找出来补课
促进行动	太聪明了！那我找数学老师给你测试一下。然后根据你的测试结果来为你设计补习计划，你看怎么样（立即促进行动）	好的

（续）

痛点教练步骤	高老师	钱同学
确保支持	高老师便去安排老师进行测试，当场改卷，最后高老师又推荐了一位数学老师，立即制订了补习计划（促成行动，提供支持）	积极配合

结果：成功完成销售，我自愿埋单，积极实施。

在这个真实的场景中，为什么我对姜老师缺乏信任，而愿意信任高老师呢？因为运用痛点教练模型时，我们不能囿于僵化的流程，还需要用心去和对方沟通。**痛点教练模型虽然是一套科学理性的思维模型，但它更需要我们带着情感去关心对方，理解对方的需求。**

知　回顾痛点教练模型的六个步骤，寻找姜老师和高老师在处理同样的问题时有哪些区别。

省　回忆一下，自己平时与人沟通时，哪几个步骤做得比较好？

行　找到一个你需要说服他人或销售产品的场景，练习以上六个步骤。

痛点教练推动客服文化

痛点教练模型在组织发展项目中特别适用。因为它自带诊断功能，最终还能够形成顺利落地的闭环。

下面介绍的案例也是来自我多年前领导的一个组织发展项目。

L公司是一家全球建材行业的龙头企业。在竞争日益激烈和客户期望值越来越高的情况下，公司采用了痛点教练模型，发起了为期两年的组织发展项目，使其当年的客户满意度和销售额都得到了大幅提升。

发现痛点

作为世界建材行业的龙头企业，L集团屋面系统在1993年进入中国市场，成为中国彩色混凝土瓦产业的领先者。在经过最初几年的市场开拓之后，本土彩色混凝土瓦生产商纷纷涌现，仅L集团其中一家分公司所在城市在两年间就出现了六家同类彩色混凝土瓦生产商。由于竞争日趋激烈，L集团的优势不断受到威胁，客户有了更多的选择，要求也越来越高，满意度开始下降，甚至出现了投诉和索赔案例。

明确目标

项目的目标非常清晰：

（1）客户满意度提升，客户投诉率下降，索赔案例下降，保持品牌优势。

（2）内部客户满意度提升，明确客户价值链。

（3）全面形成服务客户的文化，将客户服务意识转化为全员每日行动计划指南。

值得一提的是，公司并没有在项目开始前制定需要达到的具体目标，因为公司高层坚信，实施这个计划本身已经极具价值。

事实上，我个人认为，该项目未在项目目标中提及但在项目收尾之后得到的一个额外收获是：员工们通过该项目感受到了所在岗位的重要性，尤其是一线的生产工人，感受更为深刻。当他们参与到工作坊中，发表自己的观点，提出自己的建议，做出自己的承诺时，我们发现，以前许多久拖不决的问题通过群策群力的方法，顺利找到了解决方案。最后，与会者在每个工作坊收尾时都制订了行动计划，并顺利付诸实施，这些都有效保证了项目后期的跟进和落地。除了项目本身要求的提升客户满意度和服务利润链价值之外，我们还得到了另一项副产品：企业开放的沟通文化和主人翁精神得到了加强。

评估分析

差距分析

为了完成这个项目，公司专门做了三个维度的客户满意度调查，包含外部客户满意度调查、经销商满意度调查以及内部客户满意度调查。

外部客户满意度调查主要侧重产品、服务、价格三部分。经销商满意度调查主要侧重市场反馈、公司支持和共赢建议三部分。内部客户满意度调查主要侧重客户价值链及流程梳理、客户投诉原因深度分析、跨部门沟通障碍三部分。最终对内外客户满意度、客户投诉率、客户赔偿金额做了项目前测。

资源分析

这个项目最需要的资源是人。项目经理需要相关人员的深度参与和支持，尤其是高管团队。

首先是高管支持。高管们一般都非常忙碌，要争取高管们的参与并不容易。因此，在高管会议上，公司应明确将该项目列为当年最重要的项目，优先级为最高级。如果项目经理有需要，高管团队则需要全力支持。

其次是项目经理和促动师的选择。该项目涉及公司内部所有部门、所有员工，要求将公司客户满意度下降的原因和问题全部暴露出来，并且通过行动学习法进行深入探讨、寻找解决方案，将全面客户服务的理念传递给每个员工。因此，对于该项目的组织者以及行动学习工作坊的促动师都提出了很高的要求。经过高层讨论，最后确认由我担任项目组织者和促动师，理由是他们认为我具备较高的促动技术和控场能力，具有需求挖掘、课程设计和培训展示等相关能力，并且愿意进行深入的前期调查和后期跟踪，坚持中立原则，具备优秀的项目管理能力。此外，由于拥有在市场部以及其他部门轮岗的经验，我能够同时兼顾业务部门和职能部门的需求。

就这个项目而言，项目组织者和促动师需要具备四个方面的能力：具有组织发展项目的知识、擅长主持行动学习工作坊、能够进行完整的项目管理、具有客户服务意识。所以这个项目经理的角色最终就落在了我的头上。

为此，我积极筹备，首先啃下了一本英文原版的大部头——瓦拉瑞尔·A.泽丝曼尔（Valarie A.Zeithaml）和玛丽·乔·比特纳（Mary Jo Bitner）等创作的《服务营销》。我借用了其中的许多内容来搭建行动学习工作坊的框架。我还专门去参加了客户服务的外部培训，又重温了行动学习方面的知识。

除了高管和中层干部，该项目也邀请了部分一线员工来讨论企业的运营问题。因为我们坚信一线员工总是更清楚企业面临的真实问题，每个人都更了解其本职工作；我们也相信团队智慧大于个人智慧，相信人们对于自己提出的建议会更有责任感。

本次项目针对的是L集团在中国的所有员工，但是因为学员所处的层级不同，我们分别为高层、中层和基层人员设计并组织了工作坊。所有员工都参加了该项目不同层级的工作坊。其中高层人员有8人。中层人员以6家分公司为单位，每家分公司各部门负责人和关键岗位人员均参加，基层人员也以分公司为单位，所有员工参加。其中高层人员必须同时参加中层人员的工作坊，而中层人员则需要参加基层人员的工作坊。

最后，通过总共 18 场工作坊，我们顺利实现了全员参与，并获得了计划中的所有资源。

甄选方案

该项目采用的方法是丰富多样的，总体来讲包含"前期访谈 + 满意度调查 + 案例设计 + 工作坊 + 行动计划 + 行动计划跟踪落实"。

我认为，中层干部是公司内部承上启下的中坚力量。他们在各个分公司担任部门负责人职位，既了解一线情况，也了解公司战略，还负责不同部门之间的合作。因此，我决定该项目要从中层干部这个群体开始入手。

我花了一个月的时间跑遍了全国六家分公司，和所有中层干部、部分经销商以及客户沟通，最终得出项目各阶段的目标、内容和成果，如表 4-3 所示。也同时得出了为中层干部进行的行动学习工作坊的主要内容，如图 4-1 所示。

图 4-1　行动学习工作坊

表4-3 项目各阶段的目标、内容和成果

步骤	项目五阶段	目标	内容	成果	参与人员
第一步	项目准备阶段	1）明确项目目标和期望； 2）了解实际需求和现状； 3）准备项目方案和素材； 4）获得高层支持	1）与高层沟通，了解企业对于服务的战略目的的服务体系，确认高层对该项目的期望，获得高层支持； 2）客户服务项目启动会； 3）向有关人员获得相关信息和数据； 4）与相关人员及部门负责人访谈收集案例	1）客户满意度调查表及分析报告； 2）客户投诉信息、处理流程表及分析报告； 3）客户流失情况及流失原因分析； 4）公司跨部门合作成功与失败的案例； 5）公司对于客户服务的战略目标和现有服务的支持体系等	高层领导、各部门负责人、关键岗位人员、人力资源部
第二步	项目实施第一阶段：决胜高层	1）坚定公司对于服务的战略决心； 2）建立让客户感动的服务策略； 3）明确公司级行动计划	1）"预见并满足客户需求，打造服务型增值组织"行动学习工作坊（2天）； 2）回顾同公司服务战略服务现状和服务体系（前期准备）； 3）研讨并建立客户感动的服务策略和公司级行动计划（工作坊中）； 4）制订并跟进行动计划（工作坊结束后1~6个月）	1）公司级客户为导向的关键衡量指标； 2）公司对于如何预见并满足客户需求，感动客户的服务策略（确认目标客户群，确立正确的服务标准，确保服务标准得以实施的资源，服务文化建设纲要）； 3）为达成关键客户服务指标的公司级重点项目和行动计划	高层领导

（续）

步骤	项目五阶段	目标	内容	成果	参与人员
第三步	项目实施第二阶段：赢在中层	1) 传递公司对于服务的战略目标和决心；2) 建立全面客户服务的共同语言；3) 打破部门墙，并通过内部客户服务价值链来明确及相互的内部客户服务关键指标；4) 明实际行动计划，实现客户服务目标	1) "创造价值"行动学习工作坊，为客户创造价值（2天）；2) 确认各部门间内部客户服务指标（工作坊中）；3) 制订并跟进行动计划（工作坊结束后1~6个月）	1) 达成一致的公司级客户服务目标和理念；2) 达成一致的各部门间内部客户服务关键指标；3) 为达成关键客户服务指标的行动计划	中层干部、高层领导
第四步	项目实施第三阶段：基石的力量	1) 理解公司对于服务的战略目标和决心；2) 明确个人岗位和日常工作对于客户的价值；3) 学习掌握客户服务的理念和重点技巧；4) 确定个人对客户服务关键指标的承诺	1) "用心服务，感动客户，以优秀业绩增加价值"行动学习工作坊（1天）；2) 确认本岗位对于客户服务价值转化的意义（工作坊中）；3) 分享个人对于客户服务关键指标的承诺（工作坊中）；4) 制订并跟进个人行动计划（工作坊结束后1~6个月）	1) 每个岗位对于客户服务的关键指标；2) 每个人对于客户服务关键指标的承诺和行动计划；3) 公司各岗位对于客户服务理念和技巧的要求	基层员工

（续）

步骤	项目五阶段	目标	内容	成果	参与人员
第五步	项目总结巩固阶段	1）总结项目成果，巩固推进和落实项目行动计划； 2）定期评估和回顾内外部客户满意度指标，检查客户服务标准和实施策略	1）定期跟进评估客户服务项目标的实现程度； 2）定期跟进客户服务行动计划的实施； 3）收集项目反馈和建议； 4）为客户创造更多价值做准备	1）形成公司级、部门级和岗位级的客户服务关键指标体系； 2）评选和分享"感动客户，创造价值"最佳实践及优秀员工事迹； 3）全面加强企业客户服务文化和体系建设； 4）评估通过该项目增加的价值和成果	全体员工

促进行动

为了促进意识的改变和行为的改变，我们主要采用了行动学习工作坊的方式。工作坊中采用了痛点教练模型作为主框架，同时运用了多种工具进行配合，如表4-4所示。

表 4-4　痛点教练模型应用于工作坊

痛点教练步骤	产出	主要内容和方式	促动技术
发现痛点	客户的心声	通过呈现客户的心声和案例让大家意识到客户的痛点以及由此给客户和企业带来的负面结果	问题呈列
明确目标	项目量化的最终目标和过程目标	1）客户满意度提升，客户投诉率下降，索赔案例下降，保持品牌认可度； 2）内部客户满意度提升，明确客户价值链； 3）形成公司全面客户服务文化，将客户服务意识转化成为全员每日行动指南	聚焦式会话法
评估分析	客户价值链提升点	差距分析：找出业绩与计划，客户反馈与自我感觉之间的差距。发现客户主要的不满点。 资源分析：画出公司价值链中的每个环节	价值链分析，全面客户服务四部曲
甄选方案	价值链价值提升解决方案	充分沟通价值链每个环节的关键提升方案并互相确认	头脑风暴法，鱼骨图，5问分析法，"世界咖啡"交流工具、盈利矩阵
促进行动	行动计划	制订每个环节的行动计划并整合为一张公司和部门行动计划图。	KISS 行动计划
确保支持	承诺签字	当场得到需要支持的相关人员的承诺	关键服务考核指标

确保支持

第一，充分的调研和准备。

作为以行动学习工作坊为主要形式的组织发展项目，它的性质决定了我们要事先做好实地调查，结合实际设计课程，在课堂上采用真实的案例，课后落实行动计划，甚至改变体系和政策等一系列工作，所有这些都需要做大量的准备工作。当时我曾连续前往六家分公司，和每一位部门负责人进行深度沟通，一起设计案例。

而且，客户的心声也非常重要。因此在处理一起客户投诉的过程中，我特意记录下了客户与客服人员的对话过程，收集并制作了每家分公司特有的真实案例。

第二，高管团队的支持。

项目发展最重要的支持来自于高管团队。高管团队的参与，尤其是全程参与非常重要。我曾经见过许多公司，一边高呼着人才和学习的重要性，也拨出预算进行组织培训，然而一到培训时领导便消失不见了。更有甚者，在培训过程中，领导不停地安排工作给正在培训的下属。这些都会极大地影响培训的效果。培训课上都是如此，更不用说课前的参与和课后的落地了。

因此，我在该项目立项之初便已列出所需的支持，明确要求全体高管人员参加至少两家分公司的工作坊，并在工作坊结束时及时给出行动计划所需支持的回复。

有了领导的积极支持，工作坊才能顺利推进。当然，并不是每家公司都能够如此。有两种领导我并不建议他们参加工作坊。一种是平时"一言堂"，听不进去不同意见的领导。这样的领导往往一走进教室，全体人员便鸦雀无声了。还有一种是永远提供负面意见的领导。我见过一位领导在培训结束后鼓励大家就培训的不足和缺陷提出意见，然而大家本来计划要分享学习的收获和应用的行动计划，在这位领导的引导下，培训会瞬间画风一转，变成了批判会，大家的学习成果也就被生生埋没了。

第三，行动学习促动技术（引导技术）。

行动学习工作坊中会使用大量的促动技术和结构化内容。主要的引导技术包含问题呈列、聚焦式会话法、头脑风暴法、鱼骨图、5问分析法、

"世界咖啡"交流工具、盈利矩阵和 KISS 行动计划等。

主要的结构化内容为客户价值链、服务承诺三角形模型、客户满意度模型。最后，我用一张痛点教练模型表来总结整个组织发展项目，如表 4-5 所示。

表 4-5 痛点教练模型表总结

痛点教练步骤	主要内容
发现痛点	由于竞争日益激烈，客户满意度下降，品牌优势减弱
明确目标	为客户创造更大价值，全面提升服务品质，提升客户满意度
评估分析	各部门客户价值链没有完全打通，全员的客户服务意识不够强
甄选方案	打通部门墙，打通客户价值链，提升全员客户服务意识和技能
促进行动	开展全员各级群体的行动学习工作坊，建立客户导向的绩效管理体系
确保支持	高层人员参加和出席项目会议及工作坊，将客户服务指标列为全员绩效考核指标

知 （1）L 公司分成几个层次做了全面客户服务项目的推进？

（2）行动学习工作坊采用痛点教练模型作为主框架，同时还采用了哪些工具特别是行动学习促动工具加以配合？

省 你认为 L 公司全面客户项目成功的要素是什么？观察自己所在公司的客户服务文化表现如何？是否还有改进之处？

行 你现在是否在参与一个项目？试着运用痛点教练模型列出表格并采取行动。

痛点教练优化产品线管理

痛点教练模型作为一套分析和解决问题的方法，在公司规划、产品线设计和品质管理等方面也都有广泛应用。

下面的故事也是我深入干预的一个案例，并且最终帮助这家公司走出了持续亏损的境地。

S公司是一家电子科技公司，主要生产教育领域电子科技产品。然而，自该款产品第一代型号问世之后，由于公司的投入和管理问题，时隔四年都未能进行更新换代，产品也因质量问题被亚马逊下架。于是，公司决定将事业部单独成立公司，并指定了李经理来管理该产品线。随后，李经理采用了痛点教练模型对该产品线进行了分析和重组，并于半年后获得了该产品行业协会的金奖，如表4-6所示。

表4-6 运用痛点教练模型分析产品线

痛点教练步骤	主要内容
发现痛点	第一代产品问世四年后再无新产品。第一代产品的销售近乎停滞，研发部门仍在不断开发新产品，但无一款符合市场需求，公司不断亏损
明确目标	减少亏损，提升品质，增加销量
评估分析	差距分析： 1）财务亏损； 2）技术落后于同行

（续）

痛点教练步骤	主要内容
评估分析	资源分析： 1）研发生产人员客户意识不足，品质管控问题严重。研发人员普遍年轻，缺乏技术经验。但大部分研发人员上进心强，有一定潜力； 2）原材料品质问题严重，30%的批次有明显质量问题，80%以上的库存均有瑕疵； 3）总部支持不够。缺乏技术支持，集团技术总监挂名技术分管却从未亲自指导工作。后台部门将此产品线列入不紧急、不重要行列。财务卡扣该团队资金。研发资金和人员投入是竞品公司的1/10； 4）没有产品经理，研发方向分散，未能研发出市场需要的产品。竞品公司每年推出两款产品，S公司四年推出一款产品，且品质不稳定； 5）团队士气低落
甄选方案	做好产品管理两大策略： 1）聚焦资源，单独推出一款有市场竞争力的产品； 2）将该产品的品质管理进行到底。 具体措施： 1）提升研发和生产人员的客户意识，让他们尽可能多地听到客户的心声，并且推行奖惩机制； 2）解决原材料品质问题； 3）向总部争取更多资源； 4）激励团队； 5）根据市场需求推出新产品
促进行动	1）每周召开研发会议，请销售部的同事参加并提供客户的真实反馈，每日巡查生产车间，并建立研发生产品质责任制，跟踪每一台设备； 2）整顿原材料库存，及时报废劣质原材料，调整供应商和提升采购纪律； 3）制作投资回报方案，清理不良资产和报废库存，争取总部投资、场地支持、技术支持和后台支持； 4）总经理亲自担任产品经理和首席体验官，参加国际消费类电子产品展览会，了解行业情况，梳理市场需求，提出产品设计方向，聚焦一款新产品，迅速推向市场。参与产品开发和市场推广的每个环节，收集客户反馈意见，追踪反馈处理结果；

（续）

痛点教练步骤	主要内容
促进行动	5）每月召开全员大会，回顾绩效，激励团队士气，塑造团队价值观，每季度组织一次团建活动，每次得到订单进行通报表扬，鼓励全员持股
确保支持	总经理大力激发团队成员的士气，和总部相关负责人沟通取得支持，招聘研发总监

在上面这个案例中，每个步骤的推进都举步维艰，因为这不是一支全新的团队。不过庆幸的是，公司的**每个痛点都可以使用痛点教练模型加以解决**，比如其中的产品品质问题，如表4-7所示。

表4-7 运用痛点教练模型分析产品品质问题

痛点教练步骤	主要内容
发现痛点	产品品质不稳定，因退货过多被亚马逊下架，海外代理商因此考虑转做竞品代理
明确目标	提升品质，保证客户零投诉
评估分析	1）每个品控环节都有问题，从设计端到原材料、生产、物流、品控，直到销售沟通； 2）缺乏品质意识，缺乏品质管理流程和制度； 3）品质部负责人长期缺位，刚刚上岗； 4）产品杂乱分散，团队能力无法聚焦； 5）团队士气低落
甄选方案	1）做好全流程管控； 2）提升品质意识，建设品质流程和制度，并加强实施； 3）激励和支持品质部负责人； 4）聚焦资源，单独推出一款有市场竞争力的产品并将该产品的品质管理进行到底； 5）团队凝聚力建设

（续）

痛点教练步骤	主要内容
促进行动	1）推出产品追溯责任制，每一台产品的每一个流程均由各环节相关人员确认品质并签字。销售人员加强和客户的沟通。每周召开研发会议，由销售部同事参加并提供客户的真实反馈； 2）推行 8D 品质管理方法，系统化地解决每个问题并视其为改进机会； 3）和品质部负责人紧密合作，互相支持。整理原材料库存，及时报废劣质原材料，调整供应商和提升采购纪律；汰换采购经理； 4）放弃多产品发展，聚焦一款有市场竞争力的产品，并迅速推向市场； 5）每月召开全员大会，回顾绩效，激励团队士气，塑造团队价值观，每季度组织一次团建活动，每次得到订单进行通报表扬，鼓励全员持股
确保支持	总经理每天和员工一起工作，一起就餐，并亲自担任产品经理和首席体验官，提出产品研发方向和体验反馈

最后的结果是团队品质意识和绩效标准有所提高，团队士气也得到了极大的提振。海外代理商也看到了希望，积极提供海外客户的信息反馈，公司的海外业务也重新有了起色。

知 （1）S公司的产品线是如何运用痛点教练模型进行优化管理的？

（2）S公司的产品品质是如何运用痛点教练模型进行优化管理的？

省 你所在的公司有哪些产品品质问题？

行 请试着用痛点教练模型来解决上述问题。

痛点教练提升组织效能

组织效能提升的一个重要指标是人均效能的提高。下面这个案例讲述的就是通过使用痛点教练模型，一家公司在一年时间内将人均组织效能提升了 2.3 倍。

D 公司是国内某新兴科技行业的龙头企业。凭借对市场的敏锐嗅觉，D 公司很早就涉足该行业，并在国内该行业科创板力拔头筹。目前公司的年销售额为四亿元，员工数量为 570 人。公司的定位是五年内成为世界领先的行业领军企业，其目标企业是美国的 S 公司和德国的 T 公司。但是，和国际同行相比较，D 公司现在的差距还很大。最直观的表现除了技术能力之外，就是人均产能的差距。

为了改变现状，D 公司引进了痛点教练模型，如表 4-8 所示。

表 4-8 痛点教练提升人均效能

痛点教练步骤	主要内容
发现痛点	组织人效不高
明确目标	人均效能一年内翻倍
评估分析	差距分析：同行标杆人均效能为 50 万美元，D 公司为人均 70 万元人民币，相当于标杆企业的 1/5，人均效能差距很大。 资源分析： 产生差距的主要原因是：

（续）

痛点教练步骤	主要内容
评估分析	1）单人产出能力较弱，人员技术水平不高； 2）人员冗余，人员编制审批未加控制； 3）成本居高不下
甄选方案	1）进行现有人员培养，并加快流动，强化销售激励； 2）严格控制人数，确保新员工的质量； 3）控制成本，严格预算管理
促进行动	1）提升收入：改变以前流水账式地召开会议，采取以终为始的会议模式进行月度业绩管理会议和考核。小团队每周开例会跟进项目。改变销售人员的固定工资和奖金比例，刺激销售人员的营销动力； 2）人数控制：①将人员编制审批程序改为总经理和人力资源副总裁联签制，缓解了原来总经理没有时间仔细审核员工而放松审批标准的情况。增加人员编制需通过工作效能分析，②严把招聘关，新进人员必须具备较高胜任力和潜力，③安排入职培训、技能培训和领导力培训，提升员工能力，每次培训评估都与业绩相结合； 3）控制成本：实施预算管理，对各事业部实施独立核算，并且每月在高管会议上进行回顾和说明
确保支持	1）得到董事长、总裁、首席财务官和人力资源总监的支持； 2）将人均效能列为各事业部总经理的考核指标，占权重的20%； 3）HR 参与战略管理并在组织效能及人员管理事宜方面具有一票否决权

最后结果：

（1）通过塑造以终为始的绩效管理文化，使公司收入比上年增加了75%，国际业务部的收入更是比上年提高了两倍。

（2）员工人数减少为440人。在业绩不到同期1.5倍的情况下基本**是流失一人才能替补招聘一人**。业绩超过同期1.5倍才会开始考虑招聘新人。人力资源总监否决了100多个无效招聘需求。定期考核和反馈，推动绩效不良人员主动离职，同时将非核心团队外包。

（3）通过花费少量的培训费用，开展务实的各类培训工作，公司的培训投资回报率一年内即达500%以上，并持续产生影响。

（4）公司预算不再超支，反而有所盈余。一年之后，公司的业绩提升为7亿元，人均效能提升到160万元，从相当于标杆企业的1/5提升到接近1/2。

(知) 分析一下D公司是如何通过痛点教练模型提升人均效能的？

(省) 观察自己所在公司或团队是否存在低效能等现象，分析一下其他公司优质的效能管理手段。

(行) 采用痛点教练模型分析你所在公司存在的低效能现象并拿出解决方案。

第五章
痛点教练模型的应用
——创业发展

人要是惧怕痛苦，惧怕种种疾病，惧怕不测的事情，惧怕生命的危险和死亡，他就什么也不能忍受了。

——卢 梭

企业家是我非常敬佩的一类人。成功的企业家本质上是持续创业者。我曾经辅助创办过几家企业，也亲自创办过两家不同行业的企业，深知创业的不易。作为企业负责人，要把企业持续做大做强，必须战战兢兢、如履薄冰、持续创新。面对问题只能迎难而上，而不是躲闪拖延。

在我所服务的客户群体中，有不少国有企业和跨国企业，但最近几年民营企业日渐增多，数量超过一半。我国的民营企业，为国家贡献了50%以上的税收，60%以上的GDP，70%以上的技术创新成果，80%以上的城镇就业人口，90%以上的企业数量和新增就业岗位。未来，它们还会持续增长。因此，我非常关注我国的民营企业。

我接触到的最常见的民企负责人大体有以下三种类型。

本土型：土生土长，在商海中摸爬滚打成长起来的本土企业家。他们往往满怀理想，在商海中迅速成长，过去的成功让他们充满自信，但是对未来的不确定又使他们充满了焦虑。随着公司规模的不断扩大，新的机遇和挑战的来临，新的管理人员的加入，旧有的成功经验和现有的能力已经不足以支撑其未来的发展。他们往往有着敏锐的行业直觉和商业思维，但可能缺乏体系化的思维和专业化的管理能力。

转化型：他们往往是从成熟国企、跨国企业和大型互联网公司的职业经理人转型而来。成熟的大公司吸引和培养了很多优秀的职业经理人，一些怀揣着创业激情的职业经理人走出稳定的、高福利的大公司，选择自己创业或者加入本土的民营企业。他们普遍拥有国际视野、先进的经营理念和较高的职业素养，但需要以更加务实的作风去解决现实问题。

传承型：接受过良好教育的创二代。随着中国第一批本土企业家进入老龄阶段，创二代接班成为一个重要的课题。许多创二代往往接受过良好的教育，肩负着父辈的殷切期望，但是社会经验和工作经验普遍不足。随着时代的变迁，他们可能面临企业转型的挑战，也需要与企业原有利益相关者保持一种平衡，同时保持企业文化的传承和发展。

接下来我讲述的几个案例中的企业家，就分别属于以上三种类型。他们都使用了痛点教练模型助力企业发展。

第一个案例是关于 MX 集团的故事，其创始人 King 是我所见过的最具雄心，同时也是极具洞察力的一位创业者。他非常善于将痛点转换为有价值的机会，并带领公司不断迭代升级，在很短的时间内就成为行业头部企业。

第二个案例是关于 WJ 住宅的故事，其创始人 WJ 是一位温和而坚定的人。在创业过程中，他不断地克服各种痛点，脚踏实地地进行业务管理和组织能力提升，使公司业绩持续提升。

第三个案例是关于一家科技公司的故事。我第一次见到这家公司创始人的时候，该公司已经濒临破产。后来他告诉我，他使用了痛点教练模型进行认真复盘和改进，才让公司起死回生。

第四个案例是关于创二代传承的案例，我曾深度参与其中，运用痛点教练中的方法帮助继承人顺利接过接力棒，成为集团的新任董事长，并将家族业务进一步发展壮大。

将痛点转换为价值——MX 集团的崛起

MX 集团的商业模式是通过 BaaS（后端即服务）模式，提供基于 SaaS 店铺软件工具以及一体化商品与服务相结合的供应链解决方案，包括具有超高性价比的商品、交付履约、用户培训与售前售后客服等服务，并通过数据智能技术优化人货匹配，以满足商家、用户和消费者的需求，为新电商提供基础设施建设服务，顺应"人不动货动"的大时代逻辑。

平台正式上线当月，销量即突破千万，并获得诸多投资人的青睐。那么，是什么让 MX 集团实现了如此快速的发展，并获得了投资人的垂青呢？

在和 MX 集团创始人兼董事长 King 的沟通交流中，我了解到，原来致力于解决行业痛点才是 MX 创立和发展的原动力。可以说，正是集团创始人对诸多行业痛点的深刻体察和希望解决痛点的初心与决心，才造就了今天的 MX 集团。

King 是一个连续创业者，对于商业运营一直都有着敏锐的嗅觉。在一次 MBA 课堂上，教授偶然间说的一句话触动了 King，他说："即使整个中国的服装工厂全部停工，剩下的衣服也足以满足所有国人三年的需求。"基于对市场商机的敏锐捕捉，他觉得也许自己发现了一个巨大的金矿。此后，King 连续走访了数十家企业进行调研，他惊讶地发现仅福建某个知名男装品牌的库存就高达 10 亿元货值。此前，为了解决库存问题，厂家已经使出浑身解数，有的在线上或线下开展换季打折活动，有的参加商场特卖活动，有的则干脆批发给黄牛，由黄牛再批发给一些零售商，甚至有部分商家不惜花高价专门雇人销毁。尽管如此，库存问题仍然是造成绝大多数服装企业现金流迟滞的最重要因素。几乎所有服装企业的财务报表上，库存一栏都占据了企业 30%~50% 资金，有的甚至更多。这给生产商带来巨大的痛苦。当时 King 就想：要是能够想办法解决服装生产商的库存问题，一定是一件非常有价值的事。

发现了服装生产商的痛点，King 做的第一件事就是将痛点转化成价值。 从那时开始，他从理论研究转向了亲身实践。King 是个行动派，说干就干，他做的第一件事是自己摆地摊。在离家不远的一个地铁站，他开始了自己的品牌服饰库存销售工作。慢慢地，他从摆一个小地摊逐渐发展到承租数个大型仓库，他的生意越做越大。

在实践过程中，他慢慢接触到了一类特殊的人群——代购。

很多人眼中的代购主要是从事跨境奢侈品的代购，实际上，国内有一大批代购是从服装批发商那里购货，然后回到三四线城市开展零售。她们的年龄大部分在 20~40 岁，很多人都是年轻的妈妈，每天起早贪黑，来往奔波。有的人是全职妈妈，有的人则是兼职工作。在仓库里，她们一件一件地挑选衣服，认真检查，以防出现瑕疵。然后她们会把衣服铺在地板上拍照，接着发到朋友圈，标上"地板价"。

有一天，在一间库存仓库里，几位妈妈正在忙着选货。没有人注意到一个小朋友正蹲在地上，用手蘸着地板上洒掉的可乐送进嘴里。地板上到处都是衣服的纤维和灰尘。这一幕刚好被 King 看到，他赶忙上前拦住了那个小朋友，随后高声问道："这是谁家的小朋友？"连问几声之后，一位年轻的妈妈终于从衣服堆里抬起头来，低声应道："是我们家的。"King 这才发现原来她还背着一个更小的，已经歪着脑袋睡着了的孩子。很显然，她完全顾不上照顾这个大一点的孩子。

"她们太辛苦了，一定要想办法让她们轻松一点。"这就是 King 当时最直接的想法。

回到家之后，King 和妻子商量，他打算将仓库和店铺搬到线上，但这是一个全新的尝试，有可能会血本无归。King 的妻子，MX 集团的联合创始人 Cool 却镇定地说："既然这是我们的初心，那就试试看吧。"这就是他们的初心，也成了 MX 集团的第一条价值观：成就他人。

这群代购就是 MX 集团最初的合作伙伴，她们的痛点也是 King 的痛点。为了解决这个痛点，King 决定将营销模式全部改为线上。这样这些年轻的妈妈们就不必来回奔波，只需要确认图片，一键转发就可以了。在创业过程中，King 和他的团队不断根据市场需要优化工作效能，不断解决合作伙伴们遭遇的各种问题，平台拥有的营销工具也在不断迭代升级，企业的使命——"让成交更简单"，就这样自然而然地出现了。

在创业过程中，解决一部分人群（合作伙伴或者客户）的痛点，往往就是一家企业创办的原动力。当然，仅有初心还是不够的。创办企业，还需进行大量的分析调研，详细地了解各个利益相关者的痛点、担忧、期望，明确拥有的优势、资源、弱势和风险。

King 有一套独特的三字经，叫作"有要怕"。而痛点教练模型可以与之很好地对应起来。"怕"对应了痛点教练模型的第一步：发现对方的深层痛点；"要"对应了痛点教练模型的第二步：明确希望达到的目标；"有"对应了痛点教练模型的第三步：评估分析有哪些资源。

当然，只有这三个步骤显然是不够的，完成这三个步骤之后，接下来要继续承接落地，完成痛点教练模型后面的三步：甄选方案、促进行动、确保支持。形成一个落地的闭环。

下面，我们用"痛点教练模型的六步曲"来总结一下 MX 集团的发展历程（见表 5-1）。

表 5-1 MX 集团的发展

痛点教练步骤	主要内容
发现痛点	一家企业的营利模式最容易说明其解决了哪些痛点问题。因为只有帮助对方解决痛点，才是企业最大的刚需价值，才是共赢的、长久的生意。 MX 集团的营利模式是 S2B2C。 S 指上游供货商，提供价廉物美的货品；B 指零售商，可能是个体也可能是组织，但都是通过使用私域流量进行货品信息的传播；C 指终端用户。 上游供货商的痛点是大量库存需要清理却苦于渠道不足，需要寻找更大的增量市场销售空间，回款太慢。 另外一类上游供货商的痛点是品牌知名度不够，或者不善于线上营销。 零售商的痛点是希望寻找一份不用出门可以兼顾家庭，同时增加收入的工作 终端用户的痛点是希望找到一个平台，可以买到货真价实的产品
明确目标	基于上述的痛点，结合 MX 集团的初心——成就他人，MX 集团的目标就是解决以上的痛点。 1）对于上游供货商，帮助饱受库存压力的商家清理库存，助力其寻找第二增长曲线，帮助一部分品牌知名度不够的商家孵化品牌，帮助不善于线上营销的商家打开线上市场； 2）对于零售商，帮助他们做好商控和应用工具，让他们既可以通过努力工作增加收入，还能够不必出门，可兼顾家庭； 3）对于终端用户，为其树立一个共识，这里有一个物美价廉的平台可以放心购买。 随着痛点被一个个解决，企业的愿景也自然出现了——成为全球领先的众包分销平台。从短期来看，创造流量是企业的生存之道，从长期来看，获取利润是企业最终的目标，而成为世界首富则是 King 本人新的个人目标

（续）

痛点教练步骤	主要内容
评估分析	差距分析： 和其他电商巨头相比，公司的整体收入和市场份额尚有较大差距。 资源分析： 外部机会：社交电商已经占据电商市场20%的市场份额，除了强势品牌可以成为"坐商"，"客不动货动"的行商模式结合"好西瓜帮你切好端到嘴边"的兜售模式，以及熟人推荐行为更能推动购买行为的完成。 内部机会：创始人的决心和初心以及行业的商业模式吸引了一批优秀人才的加盟。同时，King和Cool也愿意分享其收益，这些对吸引和激励人才加盟都非常有利。 可能的外部风险：作为平台型企业，最终用户的流量大小是投资者评价一家公司价值的重要衡量指标。目前，还没有顶级的投资者进行大规模投资。 可能的内部风险：对于MX集团，组织能力的建设和加强是一个巨大的挑战。如何制定准确的发展战略，打通科学的战略落地路径，建立彼此信任的企业文化，打造良好的企业品牌，建立可持续的发展优势，是许多新兴企业需要接受的挑战。而这些都是需要长期由内而外地建设才能获得的能力
甄选方案	公司从战略定位和组织能力两个维度进行了策略规划。 1）战略定位上，公司结合了天猫的全品类产品模式，唯品会的折扣模式，拼多多的熟人推荐模式，聚划算的档期特卖模式，采用了特有的店主模式进行内容推送； 2）组织能力上根据人、货、场进行组织架构搭建、排兵布阵，做好人才招募和人效提升
促进行动	公司每年进行战略研讨会，每季度会回顾战略落地的情况，由King亲自主导战略研讨，同时开启全面绩效管理和激励手段的落地
确保支持	要取得支持，就要舍得给予。作为价值链的链主，King决心和大家共赢，并给予对方更多的利益。分利机制是King今年考虑最多的一件事。 1）对于上游供货商，货品是价值的起点，和供货商进行长期而紧密的合作，不伤害供货商的利益，帮助其提升业绩。对此，供货商也很乐于联合开展市场活动，比如游学、折扣优惠等； 2）零售商是公司最为紧密的合作伙伴。King的手机里有大量零售商的微信联系人，从某种意义上来说，他们是公司的首席客户服务体验官；

（续）

痛点教练步骤	主要内容
确保支持	3）对于员工，公司实行长期股权激励，对于业务激励也非常慷慨； 4）在政府和社会层面，该商业模式因为解决了上百万女性的就业问题，也得到了政府和社会的大力支持，并且集团还得到了全国妇联的重视和支持。 　　在所有的支持者中，首要需要关注的应当是内部员工，因为只有敬业的员工才能确保整个生态链平稳运行

我发现 King 在日常工作中，对于痛点的把握非常精准。在一次工作汇报会上，我亲身见证了 King 对于痛点的敏锐洞察。

对于电商平台来讲，重视客户体验可能是最重要的一个制胜因素。这一点，也是 King 最为关切的。在一次汇报中，我观察到员工和 King 对于同一问题的不同层次的洞察。这一点，通过痛点教练模型的使用便能清晰地辨别出来。当时是回顾客户投诉问题，员工的关注点是如何让客户不再投诉该问题，以及如何避免客户直接投诉到决策层。因为员工的痛点是避免受到批评，因此只要客户或者合作伙伴向决策者反映了某个问题，员工就会将资源向该问题倾斜。但决策者最关切的是该投诉是否对最终用户和大部分的合作伙伴产生了负面影响，而不是个别客户的满意度。显然，决策者的思想维度更具大局观，更加以客户为导向。

痛点，是动机的来源。你的动机是害怕被投诉，那么解决方法是维护自己的职业安全，还是以客户为导向，更加持久地创造自己的职业价值？每个人的动机不同，看到的痛点也就不同；痛点不同，设定的目标，分析方向、方案内容、行动和资源自然大相径庭。可谓失之毫厘，差之千里。

在员工汇报工作的时候，King 一下子就发现了其中最大的问题——痛点没有理清。如果痛点不准确，不但不能解决问题，还会消耗不必要的资源，包括宝贵的时间资源。**抓住痛点的能力就是抓住重点的能力。**

当然，作为领导者，除了要理解客户的痛点，也要理解员工的痛点，主动帮助员工解决他们的痛点，让他们不必害怕暴露问题。如果出现客户投诉，领导不会首先责备和惩罚员工，而是相信员工有能力和意愿解决问题，一起探讨，帮助员工解决问题。慢慢地，员工过于担心个人利益得失的痛点便会减少。当不安情绪减少的时候，大家便会把注意力集中在对公司影响重大的客户身上，客户也就得到了真正的关心。

其实一位优秀的领导者在指导日常工作的时候，就是一位出色的痛点教练，会自然地运用"痛点教练六步曲"。第一步，领导者会了解员工的痛点，包括他们害怕什么、担心什么，哪些因素对他们很重要。第二步，领导者总是能够提出更高的要求，而这个要求和标准也是员工能够理解和认同的。第三步，领导者会鼓励员工进行分析，现状与目标之间的差距在哪里，为什么会产生这些差距，有哪些机会和风险，这需要员工有足够细致认真的态度。第四步，明确差距分析和资源分析的结果之后，解决方案也就自然出现了。第五步，跟进落地，形成闭环。第六步，领导者提供相关支持，并积极鼓励跨部门合作及互相挑战。

知　King的"有要怕"和"痛点教练六步曲"有哪些内在联系？

省　分析一下身边成功企业的发展历程，他们发现了哪些痛点，做出了哪些努力，才有了今天的成就？

行　仔细观察生活中的小细节，找出至少一个痛点，并尝试使用痛点教练模型去解决它。

痛点教练帮助 WJ 住宅走出迷雾

WJ 住宅是一家专门为高端私人住宅提供建筑外立面一体化解决方案的公司，包括方案设计、产品配置、现场施工及终身售后的全程服务，公司致力于打造更加安全舒适的人居环境。在公司发展过程中，WJ 创始人吴先生经历了无数的挑战、挫折、危机甚至失败。我在采访他的时候，他谈起了他体会的痛点以及这些痛点带给他的思考。

创立公司之前，吴先生从事过各类不同行业和工作，发现都不适合自己。直到进入高端门窗这个行业，他发现自己也许可以有一番作为，因为这个行业客户的痛点实在太多了。这是一个很有发展前景的行业，因为它需要深度的行业线下服务和产品方案。对此，他立志成为全国领先的门窗服务商。几年下来，在服务能力、产品全面性等方面，他已经实现了自己的梦想。

随着国人从温饱到小康，消费观念不断升级。从有房住到追求品牌，再到现在越来越多的人关心品质的提升，但由于缺乏舒适环保的整体解决方案，现有市场仍然无法满足消费者的需求。比如，有一位客户为了提升睡眠品质，花高价购买了订制木床。但是因为他居住的小区临街，门窗玻璃隔音不好，他还是睡不好觉。WJ 公司派人上门勘查了小区环境、物业管理等情况，为他重新安装了隔音隔热的高品质门窗，还帮助他重新设计了环保地板、涂料,整套房子由内而外焕然一新,居住的舒适感瞬间提升了,同时也解决了客户的睡眠问题。

吴先生说,**客户的痛点,激发了他为客户解决问题的使命感**。客户的反馈是对他最大的奖赏,这是值得他去做一辈子的事业。对于客户的痛点,吴先生有专业的答案,这里不再赘述。然而,现阶段这个行业还是非常不成熟的,存在很多可以改善的空间,这既是他事业的动力,又是他最大的痛点。

对于公司创始人吴先生遭遇的痛点,我们不妨用"痛点教练六步曲"帮助他做一个分析。目前,吴先生的痛点有两个。一个是业务层面,一个是组织层面。我们分别用两张表格来描述一下,如表5-3和表5-4所示。

表5-3 关于业务层面的痛点教练六步曲

痛点教练步骤	主要内容
发现痛点	行业乱象丛生,服务品质良莠不齐,客户缺乏行业和产品知识,事先无法提出明确需求,服务实施后体验不佳
明确目标	立志成为一家能够真正为客户解决问题,提供专业解决方案的公司
评估分析	差距分析: 在专业性方面距离国际标杆企业尚有一定差距。 资源分析: 助力: 1)拥有明确的价值观——客户优先; 2)拥有忠诚的客户,服务高端客户,业务量有保障; 3)拥有专门的售后服务团队; 4)提供主动上门服务,针对钻石客户、白金客户、VIP客户定制分级服务; 5)消费者观念升级,从有房住到关注品牌阶段,再升级到更关注品质提升和舒适环保的整体解决方案的阶段。公司潜心深耕相关领域多年,可以提供专业建议。

（续）

痛点教练步骤	主要内容
评估分析	阻力： 1）建材行业发展至今，已经成为红海市场，投资者众多，但是缺乏巨型企业，因为门窗需要定制和本地化服务； 2）技术难度不大，门槛较低，容易产生恶性竞争； 3）从业人员较复杂，个体化定制，难辨优劣； 4）行业标准不规范。材料跨省运输费用高，常常出现偷工减料的现象，厂家不愿意投入技术研发，优秀产品或者卖不掉，或者被模仿
甄选方案	1）公司确定了目标人群：高端客户。他们不是注重成本优先，而是注重价值优先； 2）确定了公司战略：提供差异化服务。以门窗为例，做好门窗的全面解决方案，包括进户门、车库门、阳光房、遮阳棚、外立面等。对每个环节进行精细把关
促进行动	主要行动： 1）将客户分类并提供相应的服务。比如，针对钻石客户，提供终身服务。发现问题零时间响应；针对白金客户，提供当天服务，12小时之内回复；VIP客户在1天之内回复；普通客户，24小时左右回复，需要预约。服务内容：漏水质保2年，五金件质保10年，部分高级客户可长达20年。上门服务使用专用的工具，包括背包、鞋套、台布，规范服务，提升用户体验感； 2）全员持续学习，提升专业度。每个月组织学习，员工还需通过考试； 3）完善客户评价体系，让客户评价成为绩效考核的重要组成部分
确保支持	1）渠道拓展规划，比如与设计师合作或与专业设计公司合作； 2）友商合作，比如和高端渠道商合作； 3）主动出击，招募销售人员

表5-4 关于组织层面的痛点教练六步曲

痛点教练步骤	主要内容
发现痛点	痛点主要来自专业人士和管理人员的缺失 由于该行业的管理比较粗放，多数以夫妻店、个体户为主。但是安装门窗涉及测量、施工、安全、质量、售后等诸多问题，存在大量痛点，比如

（续）

痛点教练步骤	主要内容
发现痛点	针对客户特殊需求的定制问题、高空吊装的安全问题、售后保障问题等。因此，需要大量深入了解客户需求的客户经理，熟知作业标准的专业人员，以及能够协调管理各工种的项目经理等
明确目标	基于公司的业务战略是成为提供差异化服务的全面解决方案的供应商，从组织保障角度来看，应将着力点放在人才培养和绩效管理体系上
评估分析	差距分析： 和国际标杆企业相比，国内在该领域尚无专业资质认证岗位，缺乏专业人才培养机制和人才库。 资源分析： 阻力： 1）较难辨识客户痛点。比如睡眠的舒适度往往是由多种因素造成的； 2）客户的信任问题。比如更换门窗需要花费双倍的价格，客户往往很难理解； 3）员工的专业性不足。 助力： 1）老客户的口碑相传； 2）国际行业标杆，包括德国、日本同类公司的先进经验，以及供货商的专业知识，更重要的是来自客户的诉求和反馈
甄选方案	重点放在客户导向的绩效管理体系和人才培养方面。 绩效管理体系： 1）建设客户导向的流程和组织设计； 2）建立客户反馈机制。公开公司投诉电话，建立项目经理责任制、售后回访机制等，确保服务水平得到监督和保障； 3）绩效管理体系采用"271原则"。目前是5%的淘汰率。原则是新加入成员要比老员工更优秀。即便人员不足，也不留用不称职员工。 人才培养： 1）吸引和保留更优秀的管理人员和专业人士。目前公司的管理人员都是大专及以上学历。人才盘点应从能力、绩效和价值观三个方面，由人才委员会加以评估（德、才、岗位业绩等）； 2）施工人员采用半承包性质，但纳入团队建设和福利范畴内。工作回报

（续）

痛点教练步骤	主要内容
甄选方案	和产品质量、数量挂钩。现有施工人员一岗多职，承担更多压力的同时也获得了高于行业标准的收入； 3）和员工一起制定公司发展战略，员工的使命、愿景、价值观的巩固都要通过考试
促进行动	1）启动客户导向的流程和组织设计。收到一个订单就自动启动全面客户服务流程。接触客户的项目经理具有足够的资源调动权限，可以要求其他部门在规定时间内完成，不同岗位有不同的权限和折扣权限； 2）人才盘点作为年度标准流程，确保人岗匹配，每年制订个人发展计划和公司人才发展计划； 3）进行年度员工绩效评估，评估结果与晋升和年度调薪相结合，每月进行一次绩效回顾，与月度绩效奖金挂钩； 4）每周例会，将客户反馈作为会议固定议题； 5）每季度组织一次公司级的 KISS 模型行动计划，不断纠偏，确保行动方向正确。最近一次的季度 KISS 模型行动计划记录了以下内容： 保持：保持客户导向的企业文化，保持奖优汰劣的绩效体系； 提升：公司在专业度和管理上加以提升，比如信息化专业化管理，组织更严谨，业务渠道深度拓展； 停止：放弃一些无效的营销，比如百度推广和电视广告。 新的尝试： 加大研发力度，在产品功能或用户体验上要做到差异化，寻找新的盈利增长点
确保支持	基于公司发展预期，计划整合以下资源。 内部资源： 1）全面客户服务机制和绩效管理体系、人才培养机制相结合； 2）信息化专业化管理提升效能； 3）业务渠道深度拓展。 外部资源： 1）建立合伙人机制，吸引和保留优秀人才； 2）向国际领先企业学习，加强技术研发，推出差异化产品，建立标杆服务 SOP（标准操作程序）

在经过业务和组织两个维度的深入分析之后，吴先生对行业和公司的发展更有信心了。因为他更加明确了公司的价值，战略发展方向和未来目标，也明确了前进的方向。他高兴地说，以前他觉得自己一直是在迷雾中前进，但是现在，他觉得自己已经走出了迷雾。对于未来，他从来没有像现在这样清晰和笃定。

> 知　WJ公司是如何在业务层面和组织层面分别运用痛点教练六步曲的？
>
> 省　回顾一下你曾经负责的某项业务，尝试用痛点教练模型进行复盘。
>
> 行　假设你决定自主创业，那么首先选择一个行业，并运用痛点教练模型在业务层面和组织层面分析公司的发展规划。

痛点教练续命创业公司

Z公司作为一家国内早期的3D打印机公司，创造了中国3D打印机行业的多项第一。但是，由于3D打印属于新兴行业，技术尚不成熟。作为新技术的尝试者，他们举步维艰，业绩不佳，面临持续亏损，公司也处在破产的边缘。投资人的资金已经耗尽，接下来只能抵押和出售创始人J先生的房产了。

在决定出售房产的前夜，我和J先生进行了一次对话。

J先生的痛点都写在脸上：资金链断裂了！不仅是投资人的钱，也包括他自己的300万元。工资已经发不出了，员工开始流失，抵押房子贷款也无济于事，只好考虑卖房子，或者求人收购。

我清楚地记得，三个月前和J先生沟通时，他还充满自信地表示希望自己的公司成为国内3D打印领域的第一品牌。没想到，这么短的时间内竟发生了如此巨变，那么问题究竟出在哪里呢？

我们继续沟通，很快发现公司在市场、资金、技术、团队等方面都出现了严重问题。团队人才流失和技术没有转化为生产力有关，技术没能转化为生产力和资金不到位有关，资金不到位又和对市场预估过于乐观有关。

具体分析如下。

（1）市场：根据包括麦肯锡在内的多家国际咨询公司调查显示，3D打印市场潜力巨大。然而，由于目前该技术的品质、体验感和性价比仍然无法完全代替成熟工艺，因此仍需较长时间来培育。

（2）技术：3D打印作为一项新兴技术，在中国的应用层面发展迅速，但是核心技术要赶上行业龙头企业还需时日。Z公司虽然创办较早，也积累了一些技术，然而并没有真正突破核心技术。

（3）资金：由于没能得到风投的大量投资，Z公司以联合创始人的一腔热血以及天使投资人的资金维持着公司的现金流。然而，市场的回报却无法在短时间内兑现。

（4）团队：四位联合创始人是校友。目前由出资比例最高、技术能力最强，出身硬件工程师的Y先生担任CEO，但是他是一个沉默寡言、不善交际的人。他的主要优势和贡献是亲自完成了公司第一台适合设计人员使用的专业立式3D打印机和第一台适合中小学生使用的桌面3D打印机。联合创始人J先生的计算机技术过硬，软件处理能力极佳，他的主要贡献是为学校发明了一套云课堂系统和一个App。联合创始人S先生长袖善舞，善于市场营销和公共关系，由此获得了一些优惠政策，同时与媒体有较多接触，扩大了公司品牌的影响力。G女士作为联合创始人中唯一的女性，英语是其最大的优势。国际市场的拓展以及国际的技术合作都由她负责沟通协调。

拥有硬件工程技术、计算机技术、善于市场营销、国际贸易沟通，从能力背景来看，这绝对是一个优势互补的团队。

然而这一团队也有两个缺陷：

（1）他们没有一位强有力的领导者，也缺乏企业管理经验。

（2）四位创始人的个人能力均较强，但没有进行人才梯队建设，事事亲力亲为。尤其是销售和技术团队掌握在联合创始人手上，并没有进行进一步授权。公司也舍不得花重金引进人才。在这种情况下，公司的人才后继乏力，资金捉襟见肘，技术没有突破性进展，市场变现能力比较薄弱。

找出公司的问题之后，J 先生邀请我和联合创始人（简称"联创"）团队进行进一步交流。

经过和联创团队的集体讨论，我们达成共识，得出以下解决方案：

（1）寻找一个联创教练进行经营和管理指导。

（2）集中力量制造符合市场需求的产品。

（3）采用以产品线为利润中心的管理模式，共享资源但独立核算。

达成共识后，他们迅速开始行动。

寻找联创教练和顾问指导

联创团队找到了一位既有国际成熟企业管理经验，又有本土创业企业经营经验的外部顾问 R 女士，每周进行两天辅导。顾问负责设计和主持各类高管会议和全员会议，共同塑造企业文化、价值观、战略和团队宪章，并分别对四位联合创始人进行一对一私人辅导。R 女士同时兼人力资源负责人，并被公司无偿赠予干股，拥有和公司高管人员同样的福利和权利，对人员的使用拥有一票否决权。此外，R 女士还兼具部分首席运营官的职责，帮助企业从个别人拍脑袋做决策转换为集体开放且高效的决策文化。

R 女士还外包聘请了一位职业财务人员，其对公司的成本控制有丰富经验，同时也是一位刚正不阿的专业财务人士。由于其外包的身份，他的独立性得以保持。他做的第一件事就是进行预算管理，对每个超预算的项目发起挑战。在他的推动下，公司砍掉了许多不良支出，对现金流的贡献很大。

随着公司度过了最艰难的时期，公司聘请了专职的人力资源总监和财务总监，而两位顾问改聘为独立董事。

调查市场需求，集中力量开发专业机和教育机

经过深入调查后发现，市场需求可以分为四种类型：

（1）行业专业需求，对应的产品简称行业机。产品需要符合该行业特定的标准。

（2）设计工作室和实验室需求，对应的产品简称专业机。由于 3D 打印行业的独特性，个性化、定制化、小型化是其优点。以往设计的样品由于开模等费用高昂，速度缓慢，3D 打印可以很好地弥补这个缺陷。另外，实验室或车间常常需要定制一些小零件、小工具、小工装等，3D 打印机可以非常方便地满足这类需求。

（3）教育市场需求，对应的产品简称教育机。由于教育部已经在某些省份将机器人列为技术课内容，因此中小学对此有较大的需求。某些大学和高职技校则会购置更加高端的设备。教育机的设计需要考虑整个教室的布置和安排，以及教师管理全班打印机的特殊要求，需要更加适合教学并配备教学材料和教学培训指导。

（4）零售客户需求，零售客户主要是家庭使用者。一般是为了让孩子通过使用 3D 打印机对科技产生浓厚的兴趣，可以归为玩具类，对应的产品简称玩具机。家庭端需求主要体现为小巧、美观、静音、安全等。

经过仔细评估公司的技术储备和人才能力，Z 公司决定放弃生产第一类行业机，集中力量开发第二类专业机和第三类教育机。对于第四类玩具机则广泛征集方案，在行业内的制造企业、设计工作室以及玩具公司招标进行外包，公司租赁专利技术。

得出这个结论的原因是由于行业机的技术门槛和资金要求太高，供应链涉及全球各地众多企业，并不适合处于初创阶段的 Z 公司。而玩具机则需要不断地迭代更新，需要消费意识和运营能力都很强的、更年轻的队伍来操作，因此他们最终找到一个大学生 3D 打印社团，并辅导他们制造出了面向小学生和初中生的爆款便携式 3D 打印机。而 Z 公司则专注于专业机和教育机的开发和销售。因为专业机不需要任何多余的修饰，它的本质就是生产工具，是直接检验其技术有效性和品质的一款产品；而教育机除了对于应用软件和外形设计与专业机有细微不同之外，其余的核心结构和基础软件均可与专业机共享。这样便大大节约了研发资源。

实现产品线管理，共享资源但独立核算

明确了市场和研发重点之后，资源的分配也变得更加清晰。公司把研发小组分成了两个并行的产品部，任命了两位颇有潜力的产品经理兼任研发经理。两个产品部根据产品技术要求分配技术资源，同时共享公司所有的职能服务。由两位技术高管同时提供硬件和软件指导。此外，将产品部绩效和市场业绩挂钩,以避免出现研发人员闭门造车,技术至上,而忽视客户需求的问题。

另外,公司将所有资产进行了评估,折算成股本,鼓励全体员工在份额标准下购买公司内部股份。同时,四位联合创始人承诺将之前两年的股份收入贡献出来给团队成员。用这种方式,公司不但度过了最艰难的现金流紧张阶段,而且还保留和吸引了大量优秀的人才。

虽然前文已经提及市场、技术、资金和团队是企业取得成功的四大要素,但是高管团队最后确定,公司最重要的两个成功要素是客户和员工。**因为如果不重视客户需求,员工的工作就没有成就感;如果公司不关心为客户创造价值的员工,便没有办法留住优秀的员工,也就没有办法持续推进技术研发,更没有办法获得投资。**因此他们发动全员讨论市场趋势和销售机遇,最终顺利拿到了某设计院 50 台专业机和某市教育局 2000 台教育机的订单。这两笔订单极大地鼓舞了公司的士气,也给了投资者极大的信心。几个月后,Z 公司又出让了 20% 股本顺利获得一家大型设计企业的注资,不但获得了稳定的资金来源,还获得了稳定的客户。Z 公司终于活了下来,并且开始盈利,满血复活。

下面,我们把 Z 公司的案例用痛点教练模型归纳一下,方便大家借鉴,如表 5-5 所示。

表 5-5 痛点教练模型归纳

痛点教练步骤	主要内容
发现痛点	公司濒临破产边缘
明确目标	挽救公司,继续生存

（续）

痛点教练步骤	主要内容
评估分析	差距分析： 公司业绩不佳，持续亏损。 资源分析： 1）市场：3D打印技术市场潜力巨大； 2）技术：Z公司虽然创办较早，也积累了一些技术，然而并没有真正突破核心技术； 3）资金：由于没有得到风投的大量投资，Z公司是以联合创始人的一腔热血以及天使投资人的资金在维持着公司的现金流； 4）团队：四位联合创始人虽优势互补，却缺乏一位强有力的领导者以及企业管理经验，缺乏人才梯队建设，公司的人才后继乏力
甄选方案	经过集体讨论，联创团队达成以下共识： 1）寻找一位联创教练进行经营和管理指导； 2）集中力量制造符合市场需求的产品； 3）以产品线为利润中心进行管理，共享资源但独立核算
促进行动	1）聘请R女士作为外部顾问，同时聘请了外部财务专家； 2）明确市场需求：在行业机、专业机、教育机和玩具机四类主要需求中评估自己的优势，放弃了行业机，授权玩具机，集中力量研发专业机和教育机； 3）产品线管理：建立两条产品线，专注于开发专业机和教育机
确保支持	成功要素：客户和人才； 支持系统：技术和资金

在明确了解决方案和行动计划之后，公司专注于两条彼此互补的优势产品线，得到了两笔大型订单，用愿景、招聘、培训和激励制度吸引、发展和保留了人才，又经过半年的磨合和市场开拓，公司终于扭亏为盈，并最终获得了投资人和客户的青睐。

通过这个案例，也让我对痛点教练模型充满了信心。因为在这个案例中，我并没有给出任何具体的建议，我只是采用痛点教练模型和四位联合创始人一起讨论了足足六个小时，最终得出了解决方案。**四位联合创始人表示，这六个小时的痛点教练共创就是让他们的企业起死回生的一次诊断和对症下药的过程。**

> 知　回顾一下，Z公司是如何起死回生的？
>
> 省　认真观察一下，我们身边的创业公司其后续发展如何，是成功续命还是亏损破产？并深入分析其成功或失败的原因。
>
> 行　分析一下，你所在公司的痛点是什么？请尝试使用痛点教练模型解决其痛点。

痛点教练助力创二代

长青（化名）集团是一个市值 120 亿元的民营企业。董事长常根（化名）是从温州的一个渔村走出来的企业家，他白手起家，辛苦打拼，挣下了这份家业。他希望把公司交给自己唯一的儿子。

他的儿子常青（化名），寄托了常家所有的希望。自从常青 2015 年从英国留学归来，父亲便希望儿子可以顺利接班。并计划在 3 年内让常青出任总经理，5 年内成为董事长，这样他就可以在 70 岁时光荣退休了。

但权力交接的过程并不顺利。一开始常家父子并没有意识到这一点。因为常根在公司威信极高，无人拂逆。而常青也是名校毕业，又攻读了 MBA，虽然还没有太多的实践经验，可综合素质非常优秀，为人谦逊有礼。但是，公司的高管团队却并没有接纳常青。

原来，因为常根的威望太高，所以即便是高管团队也极少在他面前提出不同意见。因此常根便无法听到多少具有建设性的意见和真实的反馈。而且，长期以来，常根将主要精力花费在与客户的沟通交流上，对于公司内部的管理则有所懈怠。公司内部实际上是由其他几位高管在把持。

常根是销售员出身，因为小时候家里一贫如洗，小学刚毕业就辍学开始工作。由于在市场上打拼多年，因此他对于形势的变化相当敏锐。

这也是他能够连续几次抓住市场机遇，最终成功使公司在港交所上市的原因。但是在企业管理和领导能力方面，他并没有自己的管理理念和管理体系。很多时候，他遵循的都是经验主义。同时，他也很重感情。即便有些人业绩不佳或者品质有问题，但这些人大多是跟随他多年的老员工，他从未下决心辞退他们。因此在企业内部，那些老员工自恃劳苦功高，不思进取。表面上相安无事，一派和谐气氛，实则已经暗流涌动、危机四伏。

此外，常青谦逊有礼的品质以及海外留学的经验反而变成了他被人轻视的理由。一则，常青在那些自视甚高的老员工眼中只是个乳臭未干的孩子，毫无实践经验，不过是因为父亲的缘故才有如今的地位；再则，他们认为常青不过是一个纨绔子弟，去海外留学无非是镀金而已，华而不实。因此，即便常青被任命为董事长助理，已是副总裁级别，但大家都称他小常总。

在这样的背景下，常青空降长青集团。要顺利实现接班，注定不是一件容易的事。

所以，在常青初入公司的半年时间里，他的存在感极低，几乎被视若空气。在此期间，常青接手了一个项目，但因为缺乏得力的助手，也不了解公司情况，而且在执行过程中，常根又不断干预，使常青无所适从，最终导致项目失败。为此，常青大为受挫，一度想要放弃，甚至计划移民过自己的生活。

幸运的是，常根及时发现了常青的异常情绪。常根是一个目标明确且敢作敢为的人。此前，他已经为交接工作制订了明确的时间表，当然不会轻易放弃。为此，他邀请我负责辅导常青的管理工作。我们三个人随即成立了一个三人小组，每周进行一次工作交流。

很快，三人小组达成共识，常根的痛点是儿子不能顺利交接，而常青面临的痛点是他在公司没有威信。要想顺利实现交接，最核心的工作是在公司树立常青的威信。关于如何树立威信的问题，我们决定为常青打造一个个人品牌。

（1）首先必须把同事称呼的小常总的"小"字去掉，改成常总。

（2）打造常青"有能力、有担当，愿意与大家同甘共苦、同舟共济"的新一代领导人形象。只有这样，大家才会慢慢相信常青可以带领大家将企业办得更好，也愿意和大家共享胜利果实。同时，新的领导人的出现也意味着破旧立新，公司上下将呈现一派崭新的气象。

主要工作则是两手抓：

（1）提升常青的能力。

（2）在各种公众场合不断强化常青个人品牌的影响力，树立其威信。

具体的方案是：

第一步，制订一个为常青量身定制的学习方案。要管理一家市值百亿元的上市公司，常青要学习的东西还有很多。包括深入了解中国的营商环境，提升其商业洞见和决策能力；和各职能部门、大客户、投资者保持良好的关系；增强其与公司元老们进行沟通和制衡的能力；对高潜力新人进行大力培养和挖掘，逐步建立自己的管理团队。在五年时间内完成中欧商学院和长江商学院两个 EMBA（高级管理人员工商管理硕士）的学习，进一步完成以上四项学习任务，并扩展了自己的人脉圈。

第二步，实施"内部传帮带+外部学习"计划。主要行动方案是：

（1）给予职位和权力。第一年常青担任了父亲的特别助理，陪伴父亲出席各种活动，尽数交接所有人脉资源，之后便由常青直接出面。在做介绍时，常根当众称儿子为常总，以示信任。

（2）第二年常青被任命为总公司副总，负责兼并和收购业务。当年他就兼并了一家法国公司，并负责管理其他国际业务。与此同时，常青开始积极培养公司的高潜力人才，建立人才梯队和新兴力量。他本人则通过加入各类行业协会和两个EMBA班，建立了自己的朋友圈。

（3）第三年常青被任命为常务副总，代管集团日常工作，并向总经理汇报。

（4）第四年常青被任命为总经理，开始真正进入决策层，董事长常根负责指导。此时，常青已经和众多高管们达成了默契。在经济上让利的同时，根据实际工作需要慢慢将权力移交给能够创造更高效益的新兴力量。

（5）第五年常青完全能够独当一面，顺理成章地继任集团董事长。

同时执行的第三步计划就是树立常青的个人品牌，其品牌关键词是"有能力、有担当、同甘共苦、同舟共济"。为此，常青为自己物色了一位助理，其一部分工作就是记录和编辑支持以上个人品牌塑造的各类素材并进行大力宣传。尤其是当公司的改革初见成效之后，便更需要加大宣传。一年后，常青的个人形象已深入人心。大家已经接受常青作为公司接班人的现实，而且对他越来越有信心。到了第五年，常青通过董事会决议，获得公司上下的一致认可，正式成为集团董事长。

在讨论接班计划时，我们的三人小组曾有过一次认真地复盘，检讨接班计划前期失败的原因，如何保证五年接班计划的成功要素，以及需要获得的支持。我们讨论之后，一致认为前期失败的原因主要是高估了常根在公司的威望和常青的才华，低估了元老们带来的阻力和实际执行层面的困难。并且由于常根在常青执行项目的过程中较多地干预以及授权不够，造成了常青并没有得到足够的赋权和赋能。而且当时常青也没有自己的智囊团和教练。

因此，我们得出了五年交接计划最关键的成功要素：

（1）提升常青的能力。

（2）赋予常青与岗位相匹配的权利。

（3）保持利益相关者的平衡。

由此，常根提供了以下支持：

（1）为常青提供足够的学习机会。学习内容根据"知省行"学习原则来安排，重点包括研读 EMBA、教练辅导，以及实际操盘的机会。为了提升其实践经验，常根还每年邀请行业内的技术专家提供咨询并购进各种研究报告。

（2）增加培训费用，培养公司有潜力的新人。和优秀的培训公司合作，定制组织效能提升发展项目，常青亲自甄选参加培训的学员，全程以导师的身份参与课程，在结业时对学员进行评估。在连续五年的组织效能提升项目培训中，常青为公司发掘了一批卓越的中坚力量和新生力量。

（3）充分授权和信任。常根与常青约法三章：允许犯错；避免正面冲突；所有决定以常青的名义发布。

下面，我将这次为期五年的陪伴式教练的全过程用痛点教练模型进行了总结，如表5-6所示。

表5-6 痛点教练模型总结

痛点教练步骤	主要内容
发现痛点	百亿元家业无法顺利交接，接班人常青没有威信
明确目标	让常青在五年后顺利继任并获得尊重
评估分析	差距分析： 常青未获认可和尊重，他从心态和能力上都没有做好准备。 资源分析： 1）阻力：父亲的干涉，公司高管的阻力，常青个人能力的不足； 2）助力：父亲的支持，常青的潜力
甄选方案	1）提升常青的能力； 2）树立常青的威信
行动计划	1）为常青配备资深顾问； 2）实施"内部传帮带＋外部学习"计划； 3）培养常青的团队，共助常青成功
确保支持	成功要素： 1）提升常青的能力； 2）赋予常青与岗位相匹配的权利； 3）保持利益相关者的平衡 支持系统： 1）常根的全力支持和授权； 2）值得信任的私人顾问（教练）

看到董事会对于常青的任命书，我非常欣慰，也更加坚信痛点教练的力量。

知 在上面这个案例中,你觉得帮助常青成功继任的原因有哪些?

省 (1)你是否了解其他企业是如何做好接班人交接工作的,交接后的企业发展情况如何?

(2)回忆一下自己刚进入公司或刚成为一名领导者时,你是否遇到过不被认可和尊重的情况,当时你是怎样处理的?

行 关于你即将接手的重要工作或职责,你有怎样的工作计划?试着使用痛点教练模型进行规划。

第六章
关于痛点教练的延伸思考

欲诚其意者,先致其知,致知在格物。物格而后知至,知至而后意诚,意诚而后心正,心正而后身修,身修而后家齐,家齐而后国治,国治而后天下平。

——《大学》

前面我们已经分享了许多不同领域的案例，也提到了很多技巧、工具和方法，但研究所有案例之后，你会发现，那些成功运用痛点教练模型并取得良好结果的人，无一不具备两个共同的关键能力：思维力和情感力。

思维力

《高效能人士的七个习惯》的作者史蒂芬·柯维在书中有一句话：你若希望得到大的改变，必须从改变思维开始。

如果说情感由心而发，是感性的、是温暖的，那么思维则是源于冷静的判断，是理性的、是客观的。思维没有对错之分，但不同的思维却能影响人的行为，最终导致不同的结果。

比如一个思想消极的人，公司倒闭，他也失业了。他可能会自暴自弃，认为一切变故都是他人的缘故，自己无能为力，什么也做不了，只能宅在家里打发日子。这种长期颓废的状态会导致其自信心丧失，对未来悲观失望，生活中也满是阴霾。

但是一个思想积极的人，公司倒闭，失业的情况下，他可能会这样想：这也不完全是件坏事！正好可以趁着时间充裕，整理一下以前的工作经验，学习一门新的技能，为将来寻找新的工作机会做好准备；同时还可以多陪伴家人，顺便向母亲好好学习一下厨艺。积极向上的思维可以推动积极的行为，通常也能获得更好的结果。

在日常工作和生活中，个人的理念、使用的工具和方法都是思维的一种呈现形式。

对于东西方人的思维差异在行为中的具体表现，人们常常用做菜的方式来加以形容。

国人做菜一般放盐少许，茴香若干，佐料酌情添加，大火文火看火候自己拿捏。而西方人做菜则是盐 10 克，茴香 10 克，500 克肉放 250 克水，在第 5 分钟时加入 60 度的水 50 毫升，设定烤箱温度 250 摄氏度烤 12 分钟。即便真的要把大象放进冰箱里，也是按部就班，一板一眼的。如此做法，虽然看起来古板，却也有一个好处，便是不会因为缺失一步而出现严重的问题，也特别方便他人自学或复制。这就是菜谱和教科书的作用。而中国的烹饪则需要经年累月的学习和积累，没有付出足够的努力以及具备较高的悟性都是很难提升的。前几天一位朋友做了肉丸子请我品鉴，真是色香味俱佳。于是我毛遂自荐也做了一次，结果色香味天差地别。羞愧之余，只好请朋友传授菜谱。朋友是一个工作和生活都很认真的人。下面是她发来的菜谱。

肉丸汤菜谱：

（1）在超市购买黑猪肉（肥瘦相间的）400~500 克。

（2）在菜板上剁碎，直到看到肉翻起来时出现细小的纤维为止。

（3）将剁好的肉放入容积较大的碗中，加入适量的生抽、料酒、淀粉、一个鸡蛋清和水，搅匀至半糊状态。

（4）将 2 个西红柿洗干净切片，将一块冬瓜削皮切为薄片，生姜切片，把西红柿、冬瓜和姜片放入汤锅中，加入适量冷水，再放入 10 粒左右的花椒，大火烧开后再用中火煮 5~10 分钟，将西红柿的鲜味充分地熬煮出来。

（5）用勺子或手制作肉丸，边做边下入汤锅中，此刻用中火。

（6）当所有肉丸下锅后，开大火煮5分钟左右，再开中火煮8~10分钟，确定肉丸已经煮熟后，放入少量的盐、美极鲜味汁或生抽，再加入适量的葱花碎，就可以起锅了。

她如此认真细致写的菜谱，我也必须认真严格地执行。果然，我按照她的方法做了一次肉丸汤，完全还原了朋友的手艺。我不禁感慨，好厨艺不如好菜谱啊。

从本质上来说，痛点教练也是一本菜谱，是一本拥有结构化思维的菜谱。

当我们把思维这种抽象的东西用结构化的方式进行具体化、固定化和显性化，就形成了工具和方法，更加便于人们使用。而工具之中我又非常青睐简单、快捷、易用的工具。

痛点教练最主要的框架是"痛点教练六步曲"，这是典型的结构化思维，在每个步骤中以及每个场景中，一般会有相互匹配的结构化工具搭配使用。结构化思维也像一座房子的框架，既可以保证房子牢固耐用，也可以在房间中加入更多细节上的补充。

如果逐一回顾"痛点教练六步曲"，我们会发现这个结构中的每个步骤都是不可或缺的。

发现痛点

在我的职业生涯中，曾遇到过很多职业经理人。他们对公司的制度、流程、规范，特别是KPI（关键绩效指标）了如指掌。他们知道如何完成工作对自己的职位最有保障，但却往往对客户或员工的痛点置若罔闻、漠不关心,我把他们称之为"KPI 机器人"。接下来,让我们闭上眼睛,想象我们来到了 2050 年。你开办了一家电商公司,公司里面有很多机器人,你是公司的创始人,通过一套精密的 KPI 系统来管理他们(机器人)。每周你都会召开绩效回顾会议。以下是一次典型的绩效回顾会议。

老板:本月的目标完成情况如何?

机器人:报告老板,本月销售目标是完成 50 亿元,截至本月 15 日已完成了 25%。

老板:评估一下现状和目标的差距,告诉我是什么原因导致进度滞后。

机器人:报告老板,现状和目标的差距有 20.5% 的进度拖延。原因有以下几点:

(1)外部原因:外部政策发生了变化。因为我们的业绩刚刚超过全球一半的份额,M 国政府已经对我们启动了"鸡蛋里挑骨头程序"。有一些疑似行为被监控,业务被迫停止,造成原定业绩目标下降了 30%。当然,由于上半年在"一带一路"国家进行的地推非常成功,这个月已经开始收获成果,这些地区的销售额增长了 128%。但是由于新兴市场的销售绝对值还比较低,因此整体来说,全球市场销售比上月同期还是下降的。

(2)内部原因:内部人员敬业度水平降低了 30%。通过员工脑电波检测报告显示主要有两大原因:一是因为员工没有按时得到奖金,因此有所懈怠;二是上次推送给客户的商品品质有问题,造成了客户腹泻。NPI(净推荐值)指数急剧下降,并且此负面情绪通过合作伙伴进行蔓延，引发了大规模的客户下单踌躇症，员工因此遭遇绩效考核差评，情绪低落。

老板：告诉我你的解决方案。

机器人：方案有两个。一是进入并破坏 M 国叫停我们公司销售行为的决策人的大脑和电脑决策程序，同时驱逐敬业度低于 80 分的员工。此方案具有效率高、见效快的优点，缺点是政治风险和舆论风险很高，有 40% 的可能会对公司的长期发展、雇主品牌和国家信誉造成负面影响。另一个方案是，一方面公关游说 M 国政府高官和消费者，加强舆论引导，改变其政策；另一方面，继续业务激励奖，提升员工敬业度和商品品质，激励客户购买我们的产品。此方案具有软着陆和多方共赢的优点，缺点是将使用预算外费用。我们公司 2050 年的预算准确率会因此降低 10%，股东会因此发起挑战。根据盈利模式分析评估之后建议采取第二个方案。

老板：谁来实施此方案？

机器人：每个国家代表依然对自己所辖的市场负责，一切按照之前的绩效管理机制进行。

老板：支持系统准备好了吗？

机器人：最近公司的绩效管理系统被侵入，险些被竞争者破坏。幸好技术部门及时拦截并进行了信息储备，所以这个问题已经解决了。我们需要持续加大对信息系统的投入。另外一个需要的支持系统是对员工敬业度持续下滑的分析。分析员工敬业度下滑时程序出现了混乱和冲突，似乎有信息反馈显示，员工对于业务激励奖出现了依赖和成瘾症状，一旦某一次比之前更少或稍晚，便会引发员工的不满，同时奖励机制降低了员工的工作成就感。我们需要启动痛点教练立项机制，重新设定敬业度目标并进行更详细的分析，以得出解决方案。

老板：所以，系统是否检测到大家对于业绩没有完成的结果感到痛苦？

机器人：没有显示痛苦的指标数据。因为我们机器人只负责理性分析，无法检测到痛苦。目前看到员工的脑电波的分析结果是：目标没有完成仍然可以拿到大部分奖金，但是员工对奖金迟发和奖金的计算复杂度非常不满，并未看到其因目标未完成有任何反应。

老板：你们对痛点教练的后面五个步骤已经完成，却忘记了第一个步骤，到底员工的痛点是什么？请你立项重新分析吧。

机器人：报告老板，我们需要人类的支持。我们需要10个既具有同理心，又具有分析能力的痛点教练，一对一和员工沟通，才能进行准确的痛点分析。

老板：好的，将此支持添加到预算里。我们需要配备痛点教练。

以上故事可能会发生在2050年，相信那时候已经有大量的公司使用了智能机器人进行日常管理工作，而管理的方法就是机器人的算法输入。痛点教练的每一个步骤都不可或缺。上面的故事正是漏掉了痛点教练的第一个步骤——发现痛点，导致后面的目标、分析、方案、行动和支持都无法解决根本问题，而根本问题就是我们要解决的痛点。因此发现痛点是第一个步骤，是需要我们做出回答的"为什么"。因为只有发现了痛点，我们才能知道为什么改变现状很重要，才能真正找到员工的动力和动机。只有其动力足够强大，员工才会积极推进改革进程。

第二个步骤"明确目标"也不可或缺。发现痛点之后需要一个量化的目标，到底怎样才能算作是解决了问题。只有可衡量的目标才便于管理。这是关于"是什么"或者"去哪里"的问题。

第三个步骤"评估分析"也不可或缺。明确目标之后我们需要分析差距。发现理想和现实之间的差距在哪里，发现实现理想的机会点和可能的阻碍点在哪里。唯有如此，才能抓住机会，移除障碍，提升自己或者引进资源。

第四个步骤"甄选方案"也不可或缺。评估分析相当于体检报告，指标高低差距和病因分析完之后，还要开具处方。处方就是方案。如果问题比较复杂，往往还需要发动团队集思广益，最后甄选出最佳方案。

第五个步骤"促进行动"也不可或缺。比如有的病人虽然手握药方，病情却仍然没有好转。因为他并没有服药，没有行动自然就不会有结果。

第六个步骤"确保支持"也不可或缺。不管是人、财、物，还是时间、信息、政策等，无一不是可能的关键支持。越是复杂的问题越需要更多的支持。

以上主要强调的是完整执行"痛点教练六步曲"的必要性。我们在第二章中已经讲过，在具体实施的过程中，每个步骤都可以配合不同的思维工具。同时在不同的场景中，为了解决不同的问题，也需要使用不同的思维工具。

在进行个人成长修炼时，我努力践行史蒂芬·柯维的"高效能人士的七个习惯"。

在推动企业变革时，我会使用"领导变革八步曲"。

在进行战略定位时，我会根据变革的阶段来提供对应的变革管理措施，我会根据不同企业的商业模式进行战略规划和组织设计。

在推动战略落地时，绩效管理体系是核心内容。我会评估企业的特点，推荐使用合适的体系，比如 OKR、平衡计分卡、二元绩效考核法或者第一性原理等。

在分析一家企业的整体组织效能时，我一般会采用一套完整而强大的组织效能分析工具"团队宪章"，从过程、外部、内部、结果四个维度形成的四个窗口来观察一个组织的健康程度并提出需要采取的策略。"团队宪章"在不同规模和不同发展阶段的企业中使用有不同的侧重点，但都是非常有效的。

我还把经典的"FAB 模型"改良成"BEAF 模型"。把最重要的 Benefit（好处）放在最前面，然后是 Evidence（证据），Advantage（优势）和 Feature（特点）。

在组织会议时，我提出了自己的闭环会议原则二十字口诀：**因而有会，会而有议，议而有决，决而有行，行而有果。**会议议程也按照此原则来设计。

在本书提到的众多案例中，涉及的结构化思维工具也很多，包括：

- 盈利矩阵
- KISS 模型
- 利益相关者支持模型
- 差距分析法
- 四诊法
- ……

同时，我也建议大家总结自己或他人的成功经验，将其转换成 SOP 和标准范式，便于推广和复用。正如桥水基金创始人瑞·达利欧（Ray Dalio）在《原则》一书中所说的：从手头的事例中提炼出相关的原则，把流程系统化，便相当于建造了一部机器。与完成手头的任务相比，建造机器要花费大约两倍的时间，但是一切付出终有回报，我们可以通过不断学习和提炼经验使得未来的工作更加高效。

知　在本书中，你学到了哪些结构化思维和管理工具？

省　请思考一下，是不是所有的思想都是结构化的？

行　试着用结构化的方式来思考、协作和沟通，并与非结构化思考加以对比。

情感力

人们总是认为理性逻辑和科学推断很重要，我对此并不否认。然而，几乎所有的关于消费行为的调研报告都表明，在同样的价格及功能的情况下，人们做出购买和复购决定更多受到了服务体验、价值观等软性和感性因素的影响，并常常愿意为此支付更高的费用。

情绪认知作为社会认知的最重要的组成部分，在生物进化过程中以及社会交往过程中显得至关重要。研究表明，杏仁核是情绪认知神经机制中的重要结构。有益于人们健康的情绪为正向情绪，如快乐、喜悦等；反之则为负向情绪，如悲伤、恐惧、愤怒等。当我们要做出一项决定时，杏仁核就像一道闸门，要是不打开这道闸门，理性的思考便不会进入大脑。而打开了这个闸门，则需要站在对方的角度和立场去进行沟通和交流。

情绪是可以带来力量的，增加情绪力也有一些方法，以下是我推荐的非常有用的两大方法：同理沟通和能量按钮。

同理心

微软 CEO 萨提亚·纳德拉（Satya Nadella）认为，在一个技术激流以前所未有之势颠覆现状的世界里，同理心比以往任何时候都显得珍贵。他也将同理心应用于公司的文化塑造和战略设计中。

在痛点教练模型的应用过程中，需要敏锐地观察人们流露出的情绪以及背后的情感，理解其恐惧和痛苦的根源，表明关切和愿意为对方解除痛苦而努力的良好动机，这是成功交流的第一步。对对方情感的理解、接纳和回应、联结的能力，便是同理沟通能力。

同理沟通能力不仅是一项技能，更是一种素养。我们需要付出真情实感、平等待人、尊重他人。从内心深处认可对方是重要的，而且是值得尊重的。这是一种爱的能力。

爱的反面是不爱，爱得过少是冷漠，而爱得过多则是溺爱。施加你自认为的爱给对方是施舍、同情或控制，只有给予对方合适的爱才是同理心，而理解对方则是最无私的爱。

有一个朋友曾经打电话向我求助，因为她和女儿刚刚大吵了一架。

"她要把我逼疯了！她居然说要休学。我当时真的很生气，就冲她大喊：'我过得容易吗？我辛辛苦苦加班赚钱供养你，为了你，我已经多少年没有买新衣服，多少年没有去餐厅，多少年没有出去旅行了？你为什么这么不争气呢？'当时我难以抑制自己的情绪，女儿默默地关上房门再也没有出来，晚饭都没有吃。而且，我听到孩子在里面一直哭。我的心像被刀割一样，可是我真的不知道该怎么办。"

我和她的女儿小葆也是好朋友，于是我连忙打电话给这个孩子。"宝贝，能和我说说到底是什么情况吗？"小葆说："我觉得妈妈根本不理解我。"我说："听起来你有些委屈，可以和阿姨详细说说吗？"

小葆说:"是的,我真的感到很委屈。我本来是很喜欢读书的。可是每次回家,除了吃饭、睡觉,只要我放下书本,妈妈就会抱怨起来。总是说她为我付出了多少心血,吃了多少苦头,我绝不能荒废学业。好像我存在的意义就是不停地读书以便让妈妈的辛苦得到回报。我不想她那么辛苦,我也不需要她那么辛苦。每当听到她的话,我心中就充满了负罪感。我想休学,自己工作赚钱。"

妈妈当然是非常疼爱自己孩子的,可是她没有办法理解孩子内心的想法。她有两点需要改进,一方面是她太过强势,自己的主观评价太强,一心认为孩子不够用功;另一方面,她用道德和自己的价值判断绑架孩子,而不是用感情的力量和孩子积极沟通。有时候这是很残忍的,因为它的潜台词就是"你不是一个孝顺的孩子,你的品德不够好"。显然,这是对孩子人格的一种否定。

当我和朋友谈起小葆的内心感受以及我的观察时,她非常震惊。所幸她是一个非常勇敢的人,她马上采取了行动。她敲了敲门,对屋里的女儿轻声说道:"宝贝,妈妈意识到自己的错误了,对不起!由于我的误解让你受委屈了。我们可以聊一聊吗?"

女儿终于打开了门,一把抱住了妈妈,母女俩相拥而泣。

后来,母女俩去了一家两人都很喜欢的餐厅吃饭,吃完饭又来到小葆小时候最喜欢的荷花池畔促膝谈心。

在荷花池畔,母女俩聊起了各自的痛点。原来,小葆五岁的时候,她的父亲就因为车祸去世了,而且因为公司经营不善,还欠下了大量债务。妈妈闻听噩耗,一下子病倒了。祸不单行,好不容易处理完后事,妈妈却接到了公司的劝退通知。妈妈只好擦干眼泪，一边找工作，一边照顾年幼的孩子。一路上的艰辛自不必说。

为了让孩子拥有一个完整的家庭，妈妈原本打算重组家庭，可是孩子却变得异常叛逆，成绩也时好时坏。为了孩子能够顺利考上高中，妈妈选择了单身生活，又辞去了繁忙的工作，在学校旁租了一所房子，只为了能够更好地照顾孩子。说起往事，妈妈不禁泪流满面。这时候孩子才知道妈妈有多么坚强，为了让她安心学习，妈妈付出了多少心血。而以前的她，却对妈妈的辛劳置若罔闻。如今，她终于明白了妈妈是希望她能够尽早独立，妈妈经常说的一句话是，假如有一天她走了，希望孩子可以好好地生活。她终于理解了妈妈的焦虑和心中的痛苦。

而妈妈也通过这次谈话理解了女儿的压力。女儿知道母亲的不易，也一直希望自己快点长大可以照顾妈妈。她知道妈妈做的一切都是为了她，也为了她放弃过许多，所以她一直觉得自己欠妈妈的太多了。但是她除了读书，什么忙都帮不上。上了重点高中，学习压力比之前更大，孩子也更加紧张。虽然很用功，但是她的学习成绩却不见起色，所以她非常苦恼。久而久之，面对这种巨大的压力，她开始选择逃避或放纵，有时还会冲妈妈发脾气。但是每次发完脾气之后，她又会陷入深深地自责和内疚。所以女儿的痛点是觉得自己表现不够好，总是让妈妈操心。

当母女俩敞开心扉，了解了彼此的痛点之后，解决问题便不会太困难了。回忆一下母女俩最初的争吵，当她们站在各自的立场上，大声陈述自己的观点，而没有用同理心倾听时，又如何能听到、理解和体会对方的痛点呢？

同理心，有时候是倾听，有时候是点点头，有时候是默默地陪伴，有时候可能是递上一块纸巾，有时候也许只是一个拥抱。

虽然写在了本书的最后，但我将同理心视为痛点教练的第一素养。如果我们试图去理解他人，首先要学会安静下来，倾听对方的声音，体察对方的情绪，领悟对方的弦外之音。

同理心是一种人际交往能力。不管你从事什么工作，担任什么职位，只要与人交流，人际交往能力就是必不可少的。因为拥有同理心，意味着你会体察对方的情绪，用自己的心去接纳他，用平等的态度澄清和确认信息，用启发的方式鼓励对方思考并提出解决方案。不评价、不窥探、不建议，唯有如此，才能够让对方接纳你、信任你，愿意和你沟通。

前面提及的每一个故事，都离不开同理心。Selina 因为教练的同理心，让她说出了内心的不甘和不自信；高老师因为自身的同理心，拉近了和孩子的距离；MX 集团的 King，因为他的同理心，将痛点转化成商业价值，使自己的事业版图逐渐壮大；WJ 住宅的吴总，更是将同理心作为企业文化进行推广。

找到你的能量按钮

痛点教练需要给自己和对方赋能。除了同理心，我认为拥有乐观的精神也很重要。面对带着痛点求助的人们，强烈的同理心会让你感同身受。你的能量状态也会受到影响。这时候，我们需要另外一种增加情绪力的工具——能量按钮。

能量按钮这个词是我发明的一个概念。记得有一次我非常疲惫，情绪也很低落。我想，如果有一个按钮，只要轻轻一按就能瞬间让我们平复情绪，能量满满，那该多好啊！随后我发现了一些事物，比如榴梿蛋糕、漂亮的衣服、精彩的电影以及家人的陪伴等，都能帮助我增加能量。我想推荐另外两个能量按钮给读者。分别是"这是一件好事"和"说 Yes"。

这是一件好事

每当发生了一些糟糕的事情，我就会对自己说，这是一件好事，凡事一定有它积极的一面。因为它已经发生，对于过去你无能为力，我们唯一能做的就是把握当下，并预防同类问题继续发生。这是一件好事，至少让我们得到了教训；这是一件好事，它也许让我们看到了硬币的另一面。

出门旅游时，背包不小心弄丢了。这是一件好事，至少它能够提醒我们下次注意管好自己的行李。让我们学会断舍离，轻装上阵，而且还能够得到伙伴们的帮助，增加友谊。

有时候，我发现自己是比较懒惰的。这是一件好事。因为懒惰，我们总是不愿意做重复的、机械的工作，进而会想办法寻找更加高效的工具，寻找队友和资源。

通常，你会遭到竞争对手的打击，这是一件好事。因为他激发了你的斗志和潜力，凡是不能使你灭亡的，终将使你更强大。

说 Yes

斯坦福大学一位戏剧学教师写过一本《即兴的智慧》。书中讲到了即兴戏剧中常见的一种表演方式"说 Yes"，就是无条件地接纳舞台上的伙伴，同时发挥自己的想象力，进行添加和再创造。"说 Yes"不仅仅适用于表演，它可以应用于所有场景。这里的"Yes"，并不意味着你同意对方的观点，而是尊重对方，信任对方，肯定对方的努力，首先假设对方是对的，这是一种谦恭的态度。

在确认理解对方之后，有时候我们会发现，对方的观点和我们并不一致。我们每个人都有权利表达自己的观点，因此许多人就会开启"Yes，but"（是的，但是）模式：您刚才的话很有道理，不过我觉得……或者你是个好人，但是……

在为一家公司做领导力项目培训的时候，一位客户曾这样向我抱怨，当他听到他的上司说"你做得很棒，不过……"的时候，他就会觉得上司根本不在意他的闪光点在哪里。他口中的"你做得很棒"只是一个幌子而已，既然如此，他的上司为什么还要虚伪地说他很棒呢？

那么，如果我们有不同的观点呢？我们应该如何提出来呢？我们真的要无条件地接受对方所有的观点吗？当然不是。

"Yes，and"可以解决这个问题。"Yes，and"的句式就是：我刚才听到了……（内容），非常好，同时，我想补充一点……

如果你补充了你的意见，接下来你需要确认你的意见对方是否会理解和同意。有时候确认的过程需要几个回合的交流，这也正是双方增进互相理解的好机会。如果你没有补充意见，也要询问对方一句，你觉得如何？给对方一个表达意见的机会。有时候提出这个问题，也可以作为对对方情绪的一种关心。如果对方的回答非常积极，谈话及聆听便可以告一段落。

和思维比起来，情感更加难以衡量，但是情感却可以被真切地感觉到。情感就像空气，是一种客观的存在。特别是当你失去它的时候，你就能立刻知道它的珍贵。

我记得多年前有一部热播电视剧《大长今》，剧中的主人公长今在宫廷中当值，她是一位精通医术的厨娘。记得有一次，脾胃虚弱的小公主患了厌食症，什么都吃不下。多位御医开出的药方都无济于事，御厨们则想尽办法、变着花样制作各种美味佳肴，但小公主还是什么都吃不下。而长今只是做了一碗白米粥，没有添加任何辅料，小公主竟然胃口大开，一下子都吃完了，厌食症自然也好转了。原来，小公主脾胃虚弱，对食物中的异味尤其敏感，宫廷里的大米在梅雨季节受潮之后，味道发生了变化，小公主吃下之后因此脾胃不适。长今为了祛除大米中的异味，苦思冥想，终于从制作酱油的原理中得到启发，想出了将木炭放入粥中一起煮的办法，成功地祛除了粥中的异味。当别人询问她其中的诀窍时，她笑着说："你在做饭时要想到吃饭人的表情，带着微笑去做。你的饭里就有了微笑的味道，吃饭的人也会感受到这种微笑的味道。"

就如《痛点教练》这本书，它就像一本菜谱。按照这本"菜谱"按部就班地操作，你可以做出一道不错的"菜肴"。想象着他人可以享用自己的厨艺，带着微笑去做，也许这道菜的风味会变得更加美妙。

其实思维和情感之间并不是完全独立的，相反，它们常常是彼此交织在一起，互相影响的。"有时去治愈，常常去帮助，总是去安慰。"美国医生特鲁多的这句名言流传甚广，讲述了为医的三种境界，是众多医务工作者的座右铭。无论疾病最终是否能被治愈,医生对病人的关怀已是一剂良药。

比如起"痛点教练"这个书名,我为此纠结了很久。因为"痛"这个词并非大家乐于见到的。但是理性告诉我,解除痛苦是一件很有意义的事情,我最终还是决定采用这个名字。因为我真诚地希望,广大读者可以通过对"痛"的关注和体味,运用有效的方法来减缓或解除人们的痛苦,让人们更加幸福。**这是一件好事,不是吗?**

感谢生活带给我们的痛点,为我们提供了不断改进的机会。让我们和痛点做朋友,把世界变得更加美好。

知 (1)思维力和情感力为什么同样重要?
(2)能量按钮是什么?

省 请列举出你在做决定时曾使用的感性和理性思考的例子。

行 挖掘你最大的痛点,并且使用"痛点教练六步曲"来解决它。

致　谢

感谢生活，虽然它不时带给我一些痛苦，但它永远带给我思考和成长。

本书从缘起芬兰，触动思考，初具雏形到成型出版，前后历经十余年的时间。在这个过程中，我遇到了很多值得感谢的人。

感谢原诺基亚通信技术杭州研发中心的总经理 Hannu Nikurautio（韩逸飞），是他提名我作为文化和领导力大使前往芬兰的，这才让我有机会、有足够的时间感受芬兰的文化，在这个充满童话色彩的国度，引发了我很多的思考。

感谢先临三维的董事长李诚、总经理李涛，感谢开元旅业集团党委书记丰琳和各位总经理，感谢水晶光电的事业群总经理金利剑和人力资源部门的同事们，感谢汇信科技的总经理张玮兰，感谢涂鸦智能的副总裁那竞丹，感谢太多太多的合作伙伴，多年来对我一直信赖有加，给了我很多分享和践行我的理论的机会。感谢 3D 打印行业的同行、杭州大创联盟以及我众多的咨询客户、同事们和朋友们，他们为本书提供了很多宝贵的素材和建议。

感谢中欧国际工商学院的忻榕教授，在百忙之中抽空为本书写推荐序，她给了我许多鼓励，用实际行动支持我，对我来说是莫大的荣幸。

感谢和黄医药（中国）的首席商务官陈洪，他以企业家的视角，从实践和应用的维度，对痛点教练理念给组织的有效赋能给予了充分的肯定和真诚的推荐，也让我更加坚信痛点教练方法论的生命力。

感谢我的老领导王丽和她的先生，他们一直关心着我。在我草拟本书结构时便从读者的角度提出了很多有价值的问题，之后还不时地提醒我注意写作的进度；感谢我的老同事房让青，是她为我介绍了出版机构，让我实现了夙愿；感谢才女樊敏，为了给我提出建议，专门打印书稿逐字阅读，帮我指出了初稿中诸多需要修改之处；感谢智读汇的柏宏军老师，是他一直在鼓励我，说这本书的内容引人入胜，一定会大受欢迎，也是他时时提醒我交稿时间，不然本书的交付可能还要延后一年；感谢智读汇的陈老师和高老师，陪伴我完成了此书的修改。

感谢我的父母，他们偶尔会给我一些建议和提醒，但从不限制我的思想和决定。他们从简单的生活中领悟的朴素的人生哲学使他们总是能够坦然面对生活，也让我学会了从生活中汲取营养。

感谢我的儿子，虽然我们常常聚少离多，他却是最懂我的那个人，永远理解、鼓励和支持我。他不仅是本书的第一位读者，更是一起践行痛点教练历程的伙伴。他的反馈和互动打开了我探索生命的视角，帮助我更深刻地理解了生命的意义。

最后，我还要感谢机械工业出版社为本书付出努力的各位编辑。谢谢你们的辛勤付出，让本书得以面世。

倪彩霞

2021 年 9 月